実践アートマネジメント
地域公共ホールの活性術

名古屋芸術大学教授 **竹本義明**

推薦のことば

本書を、「アートマネジメント」に関心を抱き学ぼうとする人、あるいはアートマネジャーとして働きたい人、すでにホールや文化施設あるいは劇団や楽団の運営に携わっている人、またさらに広く芸術文化のクリエイターや愛好家の方々、これらすべての人に推薦します。本書には公立文化会館運営の実践から生み出された役に立つ提言やデータ、それに情熱と理論が詰め込まれています。

「日本アートマネジメント学会」会長 利光 功

はじめに

　私は1972年武蔵野音楽大学卒業後、㈶名古屋フィルハーモニー交響楽団に入団し、17年間演奏者として活動してきました。1989年から名古屋芸術大学で教鞭を取り、演奏家、教育者の育成を行ない、2000年には大学の学科改編を実現させ、全国に先駆けて「音楽文化創造学科」を設け、クラシック音楽以外に興味を持つ学生を受け入れ、音楽関連業種への就職を目的とした「音楽ビジネス・ステージマネジメントコース」を立ち上げました。

　大学で「アートマネジメント」を担当する私にとって、「ゆめたろうプラザ」(武豊町民会館)館長という仕事に就いたことは、まさに大学教育の実践の場を与えられたことと考えています。私自身、机上の理論より実践が有効である事を人一倍理解しています。全国の2000を超える公立文化施設の中で、実演家出身の文化会館館長は名誉職的なものを除くと皆無と承知しています。武豊町が英断をもって実演家出身者を館長とすることを決定されたことを改めて感謝いたします。

　「ゆめたろうプラザ」(武豊町民会館)は2004年9月(平成16)創設当初より、地域住民によるNPO団体育成、実行委員会方式による自主事業の実施、そして会館登録の「ゆめプラスタッフ」組織の活発な活動により、全国の公立文化施設運営の模範となるレベルにまで育っています。

　私は何度も町内を歩き、その歴史・文化に触れて町民と会館の接点を模索しました。私の館長としての役目は、地域

文化の創造と優れた芸術鑑賞の機会を多くの町民とともに実現することと、会館の最も利用度の高い音楽分野事業の充実を図り、それ以外の芸術分野にも配慮したバランスの良い運営を行うことでした。
　また、未来への確信をもった明確なビジョンを示し、中長期にわたる具体的方策を提示して、新しい価値の創造のため決断力を行使することや、あらゆる場所において説明責任を十分果たすことも、館長としての私に課せられた職務でした。
　それからの日々、「ゆめたろうプラザ」という現場でアートマネジメントを実践するなかで、アートマネジメントという領域が単に「芸術に関わるマネジメント」というだけでなく、「公共的なものを維持し、なおかつ収益をあげて質を向上させていく」という問題に深く関与するということに気づかされました。
　今後は、この「アートマネジメント」という概念は病院経営、社会福祉施設の経営・運営などにおいても、益々重要なものになると考えます。本書『実践アートマネジメント＜地域公共ホールの活性術＞』では、アートマネジメントの視点を社会的・文化的事業に敷衍しつつまとめましたが、社会的・文化的事業に携わる方々や「アートマネジメント」に興味を持つ読者の方々のご参考になれば光栄と思います。

　　　　　　　　　　　　　　名古屋芸術大学教授　竹本義明

ゆめたろうプラザ全景(前のページ)
響きホール(左)、輝きホール(上)

ゆめたろうプラザ正面風景

ゆめたろうプラザ
施設全体図

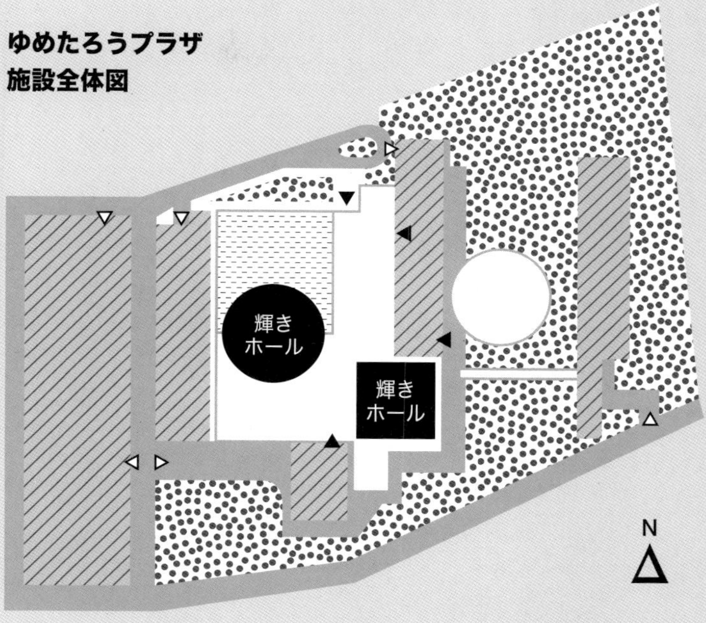

▶ 歩行者入口
▷ 自動車入口

 創造の森

流れの池

交流広場

 駐車場

目次

はじめに 3

01
実践アートマネジメントの理念 18-54

1、 芸術事業のマネジメント 19
2、 地域公共ホールと芸術支援 22
3、 経済不況下の自治体文化事業 25
4、 アートマネジメント教育の現状 28
5、 公立文化ホールのフランチャイズ 31
6、 公立文化施設の中央と地方の格差 34
7、 公立文化ホール事業に関する調査研究 38
    <自主事業等アンケート調査>
8、 文化施設の継続的運営を可能とするために 40
9、 身の丈にあった会館運営 45
10、地域公共ホール連携の必要性 47
11、公立文化施設のもう一つの役割 50
    <公民館との連携>
12、劇場・ホールの評価 53

02
新時代のアートマネジメント 56-82

1、 究極のアートマネジメント 57

2、アーティスト・イン・レジデンスの可能性 59
3、韓国の文化政策＜大邱市の現状について＞ 62
4、地域公共ホールとインターンシップ 65
5、特定非営利活動法人（NPO法人）と
　　公立文化施設（ホール）67
6、実演家の立場からホールを考える 70
7、地域の創造活動を考える 72
8、マーケティングの一考察 74
9、地域文化ホールの新たな挑戦 76
10、公共文化施設の「たまり場」としての役割 79
11、地域文化施設（ホール）と私 81

....

03
文化施設におけるアートマネジメントの視点 84-92

1、文化施設の機能と使命 85
2、文化施設の存立意義と地域との関わり 86
3、文化施設の管理と運営 86
4、文化施設のハードとソフト 87
5、ホールと観客動員 88
6、自主事業と貸館事業 88
7、会館独自の支援事業 89
8、文化施設の職員 90
9、文化施設を取り巻く環境 90
10、地域文化施設の活性化に向けて 91

04
アートマネジメントの現場 94-132

1、 文化施設の現場から学ぶこと 95
2、「ゆめたろうプラザ」の長所と短所 97
3、 公立文化ホールの文化創造活動への取り組み 99
4、 事業の始まり 102
5、 事業計画の進捗状況 104
6、 地域文化ホールの新企画 106
7、 夏休みの「ゆめたろうプラザ」 108
8、 会館の繁忙期 117
9、「ゆめたろうプラザ」に芸術の秋到来 121
10、地域創造支援事業 122
11、武豊「春の音楽祭」 124
12、「武豊ビエンナーレ 2010」にむけて 127
13、地域住民と共に 130

05
実践アートマネジメント入門 134-180

章のはじめに 135

第1部
アートマネジメント入門 139

1, **アートマネジメントとは** 139
   (1) マネージャーの仕事とは 140
   (2) アートマネージャーの職務 140
   (3) アートマネージャーを志望する人に 141
   (4) アートマネジメントの始まりと意義 142
   (5) 芸術の庇護者（パトロン） 143
   (6) コーヒーハウスの出現と芸術の発展 145

2, **公立文化施設のアートマネジメント** 147
   (1) 文化施設の変遷 147
   (2) 博物館・美術館 147
   (3) 図書館・公民館 148

3, **アートマネジメントと文化政策** 150
   (1) 諸外国の文化政策 150
   (2) 国・政府の関わり 151
   (3) 自治体の関わり 153

4, **アートマネジメントと経済** 154
   (1) 芸術の需要と供給 154
   (2) マーケティング 155
   (3) 財務と会計 155

5, **アートマネジメントの運営** 156
   (1) 行政による運営 156
   (2) 企業・民間による運営 156
   (3) 新しい運営形態・指定管理者制度 157

第 2 部
会館・ホールスタッフの実務 159

第 2 部のはじめに 159

1、　**フロントスタッフ** 161
　　（1）フロントスタッフとは 161
　　（2）フロントスタッフの役割 161

2、　**広報スタッフ** 165
　　（1）広報スタッフの仕事 165
　　（2）広報戦略 165
　　（3）実際の広報 165

3、　**舞台・技術スタッフ** 166
　　（1）舞台機構 166
　　（2）舞台音響 167
　　（3）舞台照明 168

4、　**スタッフ全体の留意点** 169

第 3 部
実践アートマネジメント入門資料 171

1、　地域公共ホールと自治体予算 171
2、　愛知県の地域公共ホール 174

3、愛知県で元気な劇場・ホールとは 177
4、指定管理者制度と職員体制 178
5、武豊町民会館（ゆめたろうプラザ）とNPO法人との
　協働運営体制 179

・・
あとがき 181

01
実践アートマネジメントの理念

01
実践アートマネジメントの理念

1、 芸術事業のマネジメント

　芸術的に価値の高い公演を行うにあたって、そのマネジメントについて予算（お金）のことを云々することが憚られた時代があった。現在でもそのような意識で事業を行うことが完全になくなったわけではない。しかし、１９９０年代以降企業メセナ活動（＊）の高まりとともに、いわゆる異質ともいえる文化・芸術とマネジメントの関係が見直され、公演実施には明確な予算書作成が必要と認識され、費用回収率を高める取り組みが求められるようになり、新しい概念として「アートマネジメント」という言葉を使用するようになった。マネジメントという言葉自体、従来は企業や組織の経営・運営の意味で使われていたが、芸術分野のマネジメントは多面的な取り組みが求められ、企業マネジメントより複雑で調

整が難しいとされる。実際に「アートマネジメント」を行うにあたって企画担当者が悩むことは、実施する事業予算の中で制作料金や公演料金の妥当性についての判断が難しいということではないだろうか。

　　公立の文化施設には、ダイレクトメールで多くの公演紹介が送られてくる。一部マスコミ媒体を賑わす実演家や企画物は別にして、それが芸術的にどのようなレベルのものであるのか、皆目見当のつかないものもある。料金は適切か、また、支出予算の回収が確実に出来るだろうかということも、事業遂行の決定を行う上で大きな要素である。公立文化施設は予算が潤沢にあるわけでなく、限られた予算で公平性に配慮した精密な予算の積算が必要となる。事業の遂行にはマーケティングをしっかり行い、実際の出演交渉となればスピード感のある判断が必要となり、瞬時に交渉を進めなくてはならない。こうなってくると、リスクを回避できる可能性のある安易な事業の実施に取り組むことが得策と思えることもある。

　　私も様々な公演を企画し実施してきたが、いわゆる経験や勘に頼り判断をすることも多々あった。いわゆる実践での経験によって学んだことを応用していることとなるが、時々「どんぶり勘定」という言葉が頭の中をよぎることがある。私が考える「どんぶり勘定」とは、いい加減ということではなく、細部が煮詰められない段階での交渉において大まかな予算を把握するための方策であり、そのことにより出演交渉や、チケットの販売計画がスムーズに進められるメリッ

トもある。17年間オーケストラの現場を経験し、演奏者以外の立場に身を置いて学んだことは、ある部分理屈ではなくその都度スピーディーに結論を出し、次のステップへ事業を進める考え方とでもいうべき方法として頭の中に染み付いている。このような取り組みが良いか悪いかは別にして、総予算を厳格にまもり、支出項目の科目間流用を認め柔軟に対応する姿勢が必要ということである。

　そして、実際に芸術のマネジメントを行う場合の事業担当者は、芸術に対する理解（感性）と、それとは相反する事務処理能力（知性）が必要である。芸術家に積極的に献身する心構えがしっかりしていること、金銭感覚・予算把握、実行できる行動力、専門知識を吸収し続ける気力も必要である。その上で需要を喚起させるマーケティング能力、先取り精神と共感能力、統率力などが求められることとなる。

....

＊企業メセナ活動　企業によるメセナ（芸術文化支援）活動。日本では(社)日本企業メセナ協議会が企業の芸術支援の活性化を目的に、1990年2月に設立され、企業メセナ活動の中心を荷っている。

2、 地域公共ホールと芸術支援

　「文化と経済が結びつく時代」と言われて久しいが、元来純粋芸術は公的補助や支援がなければ社会的に成り立たないとされている。一方でポピュラー芸術は、大量分配される商品として収益性を重視する運営を行うため、補助や支援をもとめることはないが、経済との結びつきが不可欠である。近代になり純粋芸術の社会的存立の意味が曖昧、希薄なものになり、公的補助の配分の不透明性などの問題もあり、一般市民の支援や寄付による芸術運営（アートマネジメント）の必要性が語られるようになった。

　芸術支援の歴史は、古代ギリシャやローマまで遡るが、西欧における階級社会の中で多くの芸術の庇護者（パトロン）が存在したとされている。ルネサンス時代には宗教や民族娯楽、工芸などの社会的事象と結びつき、フィレンツェのメディチ家で大きく芸術の保護が花開くこととなった。近代になると、中産階級の出現で芸術支援の主役が一般大衆へと拡大することとなるが、民衆が文化制度など社会の文化ニーズに応える形で活動し、芸術鑑賞において人々の間接的接触が前提とされる芸術政策が生み出された。現代は、近代の制度疲労により新しい考えが生まれ、創造者である芸術家の側から社会へのアプローチが行われるようになってきた。これが現代におけるアートマネジメントの始まりであろう。

最近では、2009年アメリカ大統領に選出されたバラク・オバマ氏が、この大不況のなかで全米芸術基金（NEA）（＊）に助成金増額などを打ち出したことが印象に残る（＊）。またよく知られていることだがアメリカ合衆国の「パーセント・フォー・アーツ」（＊）は公共事業の建設事業費の1％前後を芸術文化に費やすことを義務づけ、現在ではヨーロッパ各国でも同様の法律が施行されている。

　地域公共ホールに限って言えば、わが国では、1970年代以降全国に多くの文化ホールが建設され、財団や公的機関からの補助・支援制度が拡充することとなり、80年代には自主事業も展開され、文化施設が芸術支援に大きな役割を果たすこととなった。しかし、施設の老朽化や自主事業予算の削減により、貸館業務が主体となる施設・ホールが多くなっていることは残念である。今こそホールが積極的に事業を展開し、持てる機能を活用して芸術の庇護者として果たすべき責務があると考えている。現在、ホールが置かれている状況の中で早急な取り組みを要することは、文化施設にアートマネジメントに関わる専門職員を置くことであろう。

　一朝一夕に改善は難しいと思われるが、限られた予算の中で地域の文化創造事業の実施を目指し、住民参加による体験・参加型事業、あるいは人材育成などを手がけ、地域の優秀な芸術家をレジデント・アーティストとして迎える方策などが考えられる。また、住民ニーズに基づく公演の企画立案を行い、綿密な予算案を作成しリスクの少ない公演を実施することが望まれる。具体的には、空き施設の有効利用を

図るとともに、観客動員に向けてはシリーズ化された公演に限った新たな会員制度の導入などが考えられる。そして、会館・ホールの役割として実演家を育てるという理念を明確に持つことが必要であろう。

....

＊全米芸術基金 NEA（National Endowment for the Arts）/ 1965 に設立された米国連邦政府の独立機関。あらゆる芸術分野の活動を支援する。その具体的支援策のひとつが、たとえば、自治体が 1 万ドル出せば全米芸術基金からも 1 万ドル支出するというマッチング方式などがある。

＊オバマ大統領の文化芸術政策のポイント / オバマ氏は、自身のマニフェストのなかで「アメリカ国民の創造力が生んだ芸術作品は、世界中の図書館、美術館、コンサートホール、映画館、市場で見ることができる。それらの芸術作品は、アメリカ人のアイデンティティを明確に表現し、具現化している」（要旨）と芸術の価値を高く評価し、過去 15 年間で大きく予算削減されていた「全米芸術基金」の増額を図った。

＊パーセント・フォー・アーツ(Percent for Art) / 1959 年、フィラデルフィア市が「パーセント・フォー・アーツ条例」を制定。公共事業の建設工事費、1%前後を美術作品のために使用することを義務づけた。以後この条例は全米の自治体に広まっただけでなく、ヨーロッパの各都市にも波及しパブリックアート隆盛の起爆剤になる。

3、 経済不況下の自治体文化事業

　　2008年後半、米国に端を発した経済不況は、2009年、世界経済に深刻な状況を作り出し、日本においても製造産業を中心に減産や人員削減が行われ、社会全般に大きな影響が出ている。特に自治体では企業からの税収の落込みにより、文化・芸術関係の予算削減が顕著になっている。また、不況時には企業の広告関連予算が真っ先に削減対象となり、文化・芸術分野に関わる実演家、作家等の仕事量の減少、単価の切り下げにより厳しい環境におかれることが、過去の不況時の社会状況からも明らかである。

　　このような状況こそチャンスと捉える考え方もあるが、文化施設・ホールが事業について新しい発想で文化事業を行うことの可能性を考えた場合、キーワードとしては、「若手演奏家の登用と外部資金の導入」が最適な方法として考えられる。しかし、演奏家及び文化施設・ホール双方ともに観客動員への確証が得られず、公演企画が停滞し実行力が発揮されていない。いわゆる芸術鑑賞事業で、入場者がチケット購買を決定する要素は、出演者の知名度、演奏曲目への興味などであり、無名の若手演奏家の演奏会実施には事前のマーケティングが必要不可欠であり、場合によっては学校・社会教育団体との連携によるアウトリーチ（＊）の実施や、主催者の鑑賞者へ向けた積極的なアプローチが必要である。

　　米国では、文化事業の多くが民間からの寄付によって支えられてきたが、最近のメディアによればニューヨークの

カーネギーホールは年間34億円の寄付金を集めていたが、昨今の経済状況による寄付金の減少により、事業の見直しが行われることとなったと報道されていた。日本も従来からの自治体による補助金に加え民間とのパートナーシップ（＊）がさらに重要と考えられる。90年代から始まった、民間の資金を活用して社会資本を整備しようという考え方として、PFI方式（Private Finance Initiative）があるが、公共施設等を民間資金等の活用で民間事業者自らが企画・設計・建設・維持管理・運営し、公共サービスを住民に提供する民間主導型の事業方式で、主にハード施設での取組みに活用されている。

現在、公共文化施設において実演に関するPFI方式導入の事例が見当たらないが、今後取組みが行われると考えられる。本館が実施している「NPOたけとよ」（＊）に対する事業委託はPFI方式とも考えられるが、NPOが企画段階から参加しており、むしろPPP方式（Public Private Partnership）（＊）に近く、現在のところ効率的で住民に対するサービスとしての付加価値が実現されている。しかし、事業のリスク分担について特に事前の取り決めが無いことが今後の課題であると考えている。施設に関わる管理・運営の環境が、行政と民間のパートナーシップによるメリットを求める声が強くなっており、特に事業運営について適正なシステムの検討が望まれている。

＊アウトリーチ（outreach）/ 英語で手を伸ばす、手を差し伸べることを意味する。新しい層の観客動員のために、劇場などを拠点とする文化団体が、自らの拠点地を出て行なう文化活動。

＊パートナーシップ(partnership) / 相互に連携を深めること。コミュニケーションのひとつのあり方。地域住民、企業などのネットワークを作ること。

＊「NPOたけとよ」/ 正式名「特定非営利活動法人武豊文化創造協会」。「ゆめたろうプラザ」(武豊町民会館)を活動の拠点として、武豊町の地域創造のために様々な活動をしている。「鑑賞事業」としては、質の高い音楽や演劇等の公演を実施。「芸術と科学のハーモニー事業」としては、芸術と科学に共通する創造の喜びをより多くの人に提供することを目的に様々な事業を企画・実施。その他にも武豊町民会館の顔である受付窓口や会館が主催する事業に関わる仕事などをしている。

＊PPP方式 / Public Private Partnershipの略。従来公共で行われていたサービス事業を官民が共同で進める. 新たな事業形態。

4、 アートマネジメント教育の現状

　　マネジメントとは、一般的に企業や組織の管理・運営に関わる業務のことを指すが、芸術や教育の分野でマネジメントという文言が使用されるようになったのは 1990 年代になってからである。欧米では 1970 年代から学校や病院、それに舞台芸術分野の運営が行き詰まり、新たな運営体制の構築を余儀なくされたことにより、運営に関わるノウハウの改善に力が注がれ、アートマネジメントの必要性が叫ばれるようになった。

　　音楽教育においてアートマネジメントに関わる取り組みを最初に始めたのは、米国ニューヨーク州にあるイーストマン音楽院（＊）である。同音楽院はジュリアード音楽院（＊）と並び称され、すでに世界で活躍する一流の演奏家を数多く輩出し、社会的に高い評価を得てきたところである。しかし、音楽院は学生の卒業後の職種でもある演奏家の数が飽和状態になってきたことで、新たな就職先を開拓する必要に迫られるようになった。「演奏家でも音楽教育者でもない、人材の育成に力を注ぐべきである」という方針のもと、アートマネジメントを行う立場の人材を社会に送り出すために、様々な改革に取り組み始めた。

　　日本における芸術に関わるアートマネジメント教育は 1990 年代になってから一般大学での講座から始まり、音楽大学においてアートマネジメントに関係する学科・コースが開設されてきた経緯がある。音楽大学では、学科・コース開設で美術館や博物館に勤務する学芸員の資格と同等の資格化

に向けた取り組みを目指す動きもあるが、実現への道筋を描くことが出来ていない。学芸員については、博物館法の第4条第3項に定めがあり、「博物館に、専門職員として学芸員を置く」とされている。ここでいう「博物館」とは、歴史、芸術、民族、産業、自然科学等に関する資料を扱う機関のことであり、「博物館」の名称を持つ施設のほかにも美術館なども含まれる。現状は資格を取得しても活躍の場が少なく力を発揮する機会が限られている。このような状況では、音楽分野の資格化が実現しても活躍の場が保証されるとは考え難い現実がある。

演奏家をマネジメントする音楽事務所の最近の傾向として、社会的評価の定まっていない若手演奏家にまで手を広げ、マネジメント対象が質から量へとシフトしている。そして、音楽家の中には自らがマネジメントを行う者も増え、マネジメントの重要性が演奏家の中に浸透している。それとともにアートマネジメント教育の重要性を見直す教育機関が増え、更にアートマネジメント教育の実践の場として公立文化ホールが、インターンシップ（＊）を受け入れ、アートマネジメント教育をサポートする事例も見受けられるようになってきた。文化・芸術の発展のためには人材育成が急務であり、なかでも音楽芸術分野における実践教育は不可欠であり、文化ホールの積極的関与が望まれる。実態としての価値が一般人に見えにくい文化・芸術分野の教育は、ともすると机上の空論になりやすい。しかし、実践しつつ身につけていくことができるという側面からも現在全国に点在する文化ホールはアートマネジメント教育の拠点になり得るのであり、批判さ

れている「ハコモノ」を活性化させ、有意義に活用させるという副次効果も期待できるのではないか。

....

＊イーストマン音楽院（Eastman School of Music）／アメリカ合衆国の音楽学校。ジュリアード音楽院やカーティス音楽学校と並んで水準の高い音楽機関である。ニューヨーク州ロチェスターの中心部に位置し、ロチェスター大学の音楽の専門学校である。1921年、コダックの創設者で、実業家で慈善家のジョージ・イーストマンによって設立された。

＊ジュリアード音楽院（The Juilliard School）／1905年、フランク・ダムロッシュと友人のジェームズ・ロープがヨーロッパから著名な音楽家を集め音楽芸術研究所を創立。1924年、オーガスタス・ジュリアードの遺産によって音楽家が無料で学ぶことができる大学院が創立。1926年、上記の2校が合併しジュリアード音楽院となる。

＊インターンシップ（internship）／学生が在学中に自分の専攻に関連する企業や官公庁に体験入社する制度。職場見学から、業務体験、企画立案まで幅広い。

5、 公立文化ホールのフランチャイズ

　　欧米では、「コンサートホール」にオーケストラが、「オペラハウス」には歌劇団や合唱団、そしてオーケストラやバレエ団が所属している。また、「劇場」には劇団が所属し、そこを本拠地に活動しハードとソフトが密接な関係を保ち相互に発展してきた。一方、日本では貸館を目的とする施設が全国各地に整備され、芸術創造団体が独自に活動してきた歴史がある。

　　最近、文化ホールを取り巻く社会状況が一段と厳しさを増し、老朽化した一部施設では改修予算が確保できず廃館を余儀なくされ、比較的新しい施設でも事業予算の削減により貸館を強いられる状況となってきた。そのような状況下で、首都圏に新ホールがオープンし、新しい計画も進行中で民間ホールはよりビジネスとしての施設設置に動き出し、地域との繋がりを重視し商業施設などと一体化した取り組みを行っている。

　　ホールや劇場は、芸術創造団体を併設することで、その特性や魅力を最大限に発揮でき、特にオーケストラとの関係は重要であると考えている。1989年に「東急文化村オーチャードホール」（＊）と「東京フィルハーモニー交響楽団」の間に、日本で初めてフランチャイズ運営形態（＊）の導入が実現した。その後、1994年「杉並公会堂」と「日本フィルハーモニー交響楽団」が市民のためのアウトリーチとして友好提携を結んだ。1997年には「墨田トリフォニーホール」

が「新日本フィルハーモニー交響楽団」とフランチャイズ提携し、同ホールのステージで日常の練習と公演を行うという日本初の本格的フランチャイズを導入した。

　　準フランチャイズの取り組みとして、1998年から「東京交響楽団」が「新潟りゅーとぴあ」で年5回の定期演奏会を開催し、この関係性を生かしロビーコンサート等を実施している。また、2002年から同交響楽団が「ミューザ川崎シンフォニーホール」とフランチャイズ提携を結び年間15回の演奏会と川崎市内の公共スペース等でアンサンブル等を実施している。他には「兵庫芸術文化センター」と専属オーケストラ、「石川県立音楽堂」と「オーケストラ・アンサンブル・金沢」のレジデント・フランチャイズ、「江東区ティアラこうとう」と「東京シティ・フィルハーモニック管弦楽団」が提携するなどの例がある。このようにホールと交響楽団の提携は、首都圏の自主運営オーケストラが複数の施設と提携を結ぶことで、演奏回数を確保し運営の安定化を図っている。ホールは事業運営において選択肢が広がり、活性化が実現している。

　　「新日本フィルハーモニー交響楽団」は、1997年から「三重県文化会館」と親密な関係にあり、同館を関西拠点ホールとして毎年2公演を行い、楽団員による地域での演奏指導を行っている。2009年4月には、「岐阜県可児市文化創造センター」が、同交響楽団と地域拠点契約を締結し、ワークショップやアウトリーチに取り組むことが報じられた。ホールがフランチャイズ契約を締結するには、それなりの予算の

01 実践アートマネジメントの理念

確保が必要であるが、この地域には4つのプロフェッショナルオーケストラが活動しており、全国的にも恵まれた環境にある。文化ホールは、地域のニーズ、文化ホールの規模と予算等の条件を勘案し、オーケストラとのフランチャイズを実現してはどうだろう。単独では無理なら複数館で対応することも可能であろう。それにより、地域の創造活動や鑑賞活動が促進される効果が期待できることは間違いないと考えている。

....

＊東急文化村オーチャードホール / 東急文化村は、1980年代の東急グループ全体の戦略であった「3C戦略」 に基づき設立された。東急文化村オーチャードホールはその施設のなかにある。世界三大ホール（ウィーン楽友協会ホール、米国ボストン・シンフォニーホール、アムステルダム・コンセルトヘボウ）と同様のシューボックス型を採用した国内最大規模のホール。高く平らな天井と垂直で大きな側壁に、音が繰り返し反射して重厚で豊かな音場を生み出す。

＊フランチャイズ運営形態 / 特定の商品やサービスの提供についての権利を有する親企業が、加盟店・加盟団体に対して一定地域内での独占的販売権・使用権を与える。商業施設の場合加盟店が特約料を払い契約を行なう。加盟店は、親企業から経営のノウハウを受け、その商号・商標を利用し、同一のイメージの下で事業を行う。またプロ野球球団などでは本拠地球場で有する興行権のことなど。

6、 公立文化施設の中央と地方の格差

　「ゆめたろうプラザ」で実際に運営（マネジメント）を行って、会館関係者の事業に対する取り組みが積極的であると認識を新たにした。平成19年度（2007）を例にとると、実施された自主事業は31本、20年度も32本を実施した。
　近年、会館の運営について評価の必要性が言われるようになってきたが、2007年公立文化施設における政策評価のあり方について、「公立ホール・公立劇場の評価指針」と題した報告書が財団法人地域創造（＊）から出された。「ゆめたろうプラザ」では、開館時から「武豊町文化創造プラン」で評価の在り方を検討し、館長による内部評価と会館の運営委員会による外部評価を行っており、館長がアニュアル・レポート（＊）を作成している。

　以前、滋賀県の公立文化施設について大きなニュースが流れた。京都新聞によると、「福祉予算捻出のために、＜びわ湖ホール＞（大津市）を約半年間休館し、その間に民間会社も含めた管理者を公募して自主運営費を削減することなどを検討する」という。そして、「県議会において施設のネーミングライセンス(商標登録)も検討するという知事の答弁があった」、という内容である。また、日本経済新聞で「青森県黒石市は4月、市民文化会館を休館する。約1100席の大ホールを備え、市民がコンサートなどを楽しむ町の中心施設だが、2006年度に7億2000万円の赤字を出した市にとって、3億円の改修費は荷が重い。休館すれば年間6000万円の経費節減の試算が背中を押した」（要旨）との記事が

01 実践アートマネジメントの理念

出ていた。
　　これらは、日本の文化政策にとって大変な危機であり、文化芸術活動の根幹を揺るがす大問題であると思っている。国は 2001 年 (平成 13 年 12 月)「文化芸術振興基本法」(＊) を制定し、2007 年には、第 2 次「文化芸術の振興に関する基本的な方針」において、我が国が、今後一層文化芸術を振興することにより、文化芸術で国づくりを進める「文化芸術立国」を目指すことが必要であるとしているが、国の文化芸術重視の施策の中で、地方の公立文化施設が厳しい環境に置かれ、中央と地方の格差が生じている。これは「文化芸術立国」を目指すわが国の大きな矛盾点であろう。全国に「びわ湖ホール」と同規模の施設があるが、今後自治体で同様な動きが加速し、地方の老朽化した施設を抱える財政の厳しい自治体において、黒石市のような決断をするところが出る可能性がある。愛知県では、全国公立文化施設協会加盟 93 施設の 40％が 1000 席を擁しているが、2009 年現在、経済不況が加速するなかで依然厳しい状況に置かれている。

　　「びわ湖ホール」が行ってきた自主公演は、同規模の施設と比較すると自治体補助金に占める事業予算が潤沢であり、全国的にも評価されるオペラをはじめとする舞台芸術公演が可能であった。しかし、この事業が滋賀県民や大津市民にとって支持を得られる事業であったのか甚だ疑問が残るところもある。さらに東京都でも同様な事例があった。「東京都交響楽団」が都の補助金削減で規模を縮小し、楽団員の待遇が大幅に切り下げられた。補助金の支出目的が都内公立学校での音楽鑑賞教室実施であったが、楽団が大編成による芸

術的価値の高い演奏に活動主体を置いたため、東京都の方針に対し都民はもとより、日本オーケストラ連盟も都の方針を撤回させる効果的な運動を展開するに至らなかった。

　これらは、日本のハコモノ文化行政（*）の不備が明らかになった例である。「びわ湖ホール」については、行政側の方針について関係者が「びわこホールを応援する会」を中心に撤回を求める運動を進めているが、現状では事態が好転する可能性は少ないと思われる。「びわ湖ホール」が存続するには、広範な市民運動を起こし、事業重視の企業型NPOのような団体による管理・運営を委ねることもやむを得ないと考える。

　極めて芸術性の高い事業であっても、経営的な感性を持って運営を行うことが求められ、地域の文化的財産である公立文化施設の継続した運営を実現するには、住民の目線に立った事業の視点が必要不可欠であろう。「びわ湖ホール」や黒石市の例は、芸術を享受する立場の人々への配慮が欠けていたことが、このような事態を招いた要因と考えられ、公立文化施設はバランスの良い事業への取り組みを実施し、それぞれの施設が特徴を出してゆくことが重要と考える。

　そして、言うまでもないが国はこのような、公立文化施設に於ける中央と地方の格差に適切な政策を考えるべきである。

....
＊財団法人地域創造／芸術文化の振興によって創造性豊かな地域づくりを実現することを目的に、1995年9月、全国の都道府県などにより設立された公益法人で、公立文化施設などの地域における芸術文化活動を全国的な視点に立って支援している。

＊アニュアル・レポート／出資者などの利害関係者に対して当年度の経営成績や財政状況を報告するために作成する年次報告書のこと。この場合は行政に対する年次報告書。

＊文化芸術振興基本法／2001年12月に施行された国の法律。文化芸術政策を国が重要視しているという文化芸術の振興の理念に基づいて制定された。その後も文化芸術の振興に関する施策の総合的な推進を図るために、文化芸術の振興に関する基本的な方針が2002年に閣議決定され、文化芸術の振興が図られてきた。その後も何度か見直しが図られている。

＊ハコモノ文化行政／公共の目的で施設や設備を建設、整備したにもかかわらず、その計画や運用の失敗のため投入した税金に見合う便益を国民や住民が享受していない状態にある、行政を批判した言葉。設備や施設のことを「箱物」と呼ぶことに由来する。

7、 公立文化ホール事業に関する調査研究
　＜自主事業等アンケート調査＞

　　社団法人全国公立文化施設協会が、2009年2月から3月まで1,530の公立文化施設で実施した平成20年度の自主事業等の実施状況について、回答を求めた調査結果が公表された。
　　それによると、「舞台公演の自主事業を実施するのは、公立文化施設の6割で、直営施設より指定管理施設の方が実施率が高い」ということであった。本来、芸術文化振興の拠点となるために必要な自主文化事業を実施しない施設が4割もあるということは驚きである。

　　自主事業費年間総支出は、平均で3千万円超、中間値では1千万円超で、総支出金額の約7割は何らかの事業収入で賄い、約3割は施設が負担する経費となっている。舞台芸術ジャンル自主事業費総支出額（見込み額）は、サンプル平均値3,271万円、中間値は1,104万円であり、舞台公演自主事業は、実施施設あたり年間平均10事業、1事業あたり平均1.5公演、クラシック音楽の事業が全体の3分の1を占め、ポピュラー等を合わせると事業数全体の5割強が音楽ジャンル（公演数シェアは4割強）となっている。

　　メディアを通じて文化施設の情報が社会に出てくるのは、年間事業費ならびに運営にあたる人的資源が確保されている新設施設や都道府県、政令市レベルの大型施設である。しかし、施設建設後10年を迎えようとする頃から、いずれ

も事業実施に陰りが出てくる。
　　　施設と舞台機構のメンテナンスへの予算配分が膨らむと同時に事業予算が削減され、加えて人的配置も縮小される傾向がある。結果として自主事業が実施出来ず貸館主体となるケースが増えている。

　　　地域の中小規模公共ホールにおいては、最初から予算や人材の確保に制約があり、困難な運営を強いられている現状がある。調査によると、自主事業費の年間総支出額の平均が3千万円超となっているが、私自身この金額に実感が伴わない印象を持っている。
　　　データでも62%の施設の自主事業費が1,000万円以下であり、自主文化事業を実施しない、あるいは事業開催が低迷している公立文化ホール担当者からは、専門家がいない、予算がない、人手が足りない、そして事業運営のノウハウがないということが聞かれる。

　　　ホールを活性化するためには、ホールが立地する地域に目を向け、地域の文化芸術資源をリストアップし、ホール利用について地域住民と協議することから始めることが求められる。まず地域で文化芸術に理解ある住民を組織し、住民の文化芸術ニーズの把握から始め市場創造をすることが必要と考えている。そして、官民一体となった組織による企画策定、助成収入を含む資金調達、実際の事業運営について実践による経験を重ねることである。

8、 文化施設の継続的運営を可能とするために

　今年（2010年）館長を務めて3年が経ち、「ゆめたろうプラザ」は7年目を迎えた。地域公共ホールのモデルケースとして、運営の基盤ができただろうか。施設が古くなる中で事業運営が輝きを放つことができているだろうか。運営を担うのは人であり、多数の人による組織が貴重な経験を積むことにより、望ましい運営を実現できているだろうかなど日々考えている。

　平成20年度は全国醤油サミットが開催され、初めて会館が産業まつり会場となった。平成21年度は、町制55周年ということで様々な町の行事が町民会館を会場として行われ、5年に1度の山車まつりも開催された。一方で開館当初から町民文化祭の会場としても利用されるようになり、3日間で5000人を超える鑑賞者が入場した。ここ2年は、町民の来館者が年間を通じて10万人を超えるまでになり、施設全体の稼働率が71.5%で、「ゆめたろうプラザ」のふたつのホール（＊）の稼働率はいずれも60%を超えて、「響きホール」は73.5%となっている。

　ホールの運営では、事業の遂行に対して標準化やマニュアル化ができず、その都度緊張感を持って対応することが求められる現場であるということで、何よりも人材の育成が重要と考えている。町職員による施設維持管理及び公共性の強い事業の実施、NPO職員による会館運営業務と事業運営について、現在武豊町民会館が実施している形態が望ましいと

01 実践アートマネジメントの理念

「山車まつり」に集まる人々

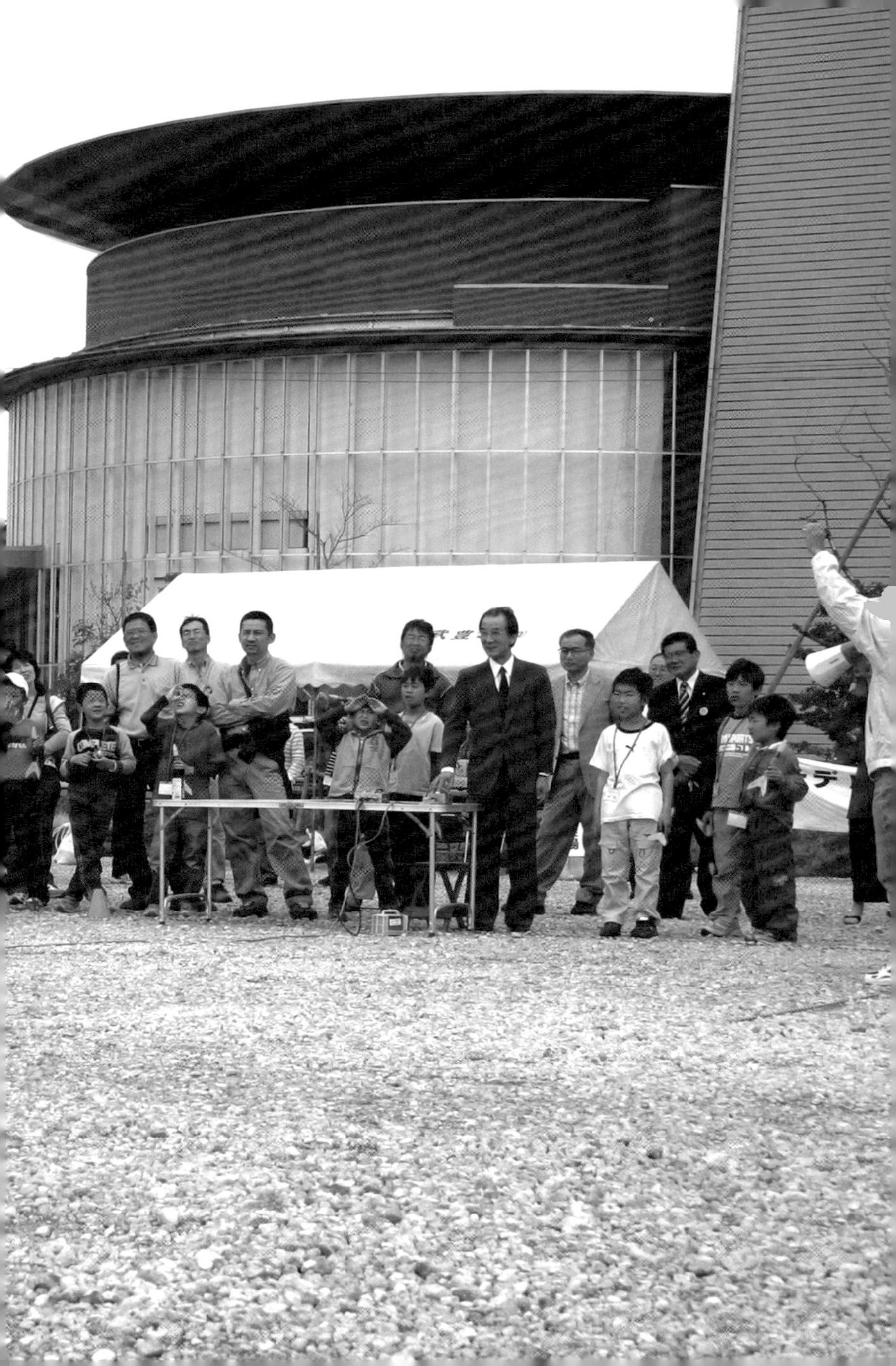

考えられる。自治体直営で管理のみを行なう指定管理者制度（＊）により、地域との関係が希薄になる施設がある中で、文化・芸術の継続性が重要と考える視点から言えば、地域の文化施設は、地域の住民で組織するNPO団体との関係を密接にする中で、活動を促進させる施策が最も効果的で望ましいと考えている。その場合、NPOであっても職務に対する適切な待遇を実現できなければ、継続性を維持することが極めて困難である。そこでは、町民及び文化施設に関わる多くの人が、金銭的な多寡でなく文化施設で活動するNPOの取り組みの意義や必要性を理解し、また利用者である地域の方の支持と支援が必要不可欠であろう。活動を通じて現在の枠組みが認知されるよう努力したい。

....

＊ふたつのホール／輝きホール（678席）、響きホール（272席）。
＊指定管理者制度／本書、05「実践アートマネジメント入門」、「新しい運営形態・指定管理者制度」に詳述。

響きホール(上)、輝きホール(下)

01 実践アートマネジメントの理念

9、 身の丈にあった会館運営

　　いたって当たり前なことであるが、劇場・ホールは事業を行ってこそ、その機能が活かされ、存在意義が果たされていると言える。しかし、最近は地域の劇場・ホールの自主事業が目立って少なくなっている印象がある。とくに建設されて20数年を経た施設において顕著である。その原因としては、指定管理者制度の導入、事業費の削減、社会経済の先行き不安などや、芸術・文化の住民ニーズの低迷が原因として上げられるが、大きな原因は行政による文化振興政策への積極性の欠如である。

　　㈶地域創造の「地域文化施設に関する調査報告書」（2001年）によると、劇場・ホール機能を持つ公立文化施設は全国で2,465、ホール数は3,008館とされ、これら施設の設置主体を団体別に見ると、都道府県156（6％）、政令市201（8％）、市町村2,108（86％）となっている。そして、設置主体団体別の平均自主事業費は都道府県6,667万円、政令市4,013万円、市町村1,766万円、全体平均で2,266万円となっている。また、平均自主事業件数は都道府県14.3件、政令市13.3件、市町村9.4件となっている。

　　本館は、設置以降町民会館費は約2億円、人件費25％（5,000万円）、一般管理費15％（3,000万円）、維持管理費45％（9,000万円）、事業費15％（3,000万円）で推移している。全国平均から見ると市町村レベルの施設であるにもかかわらず実際は倍近い事業予算により、政令市レベルである。事業

の本数も 2007 年度は 31 事業で、鑑賞事業は有料と低料金、無料を含め 22 本実施している。それにより本館の 2 つのホールの 2007 年度稼働率は平均 63％である。

　最近は、新設劇場・ホールの事業の華々しさが目立ち、マスコミにも取り上げられるが、実際に鑑賞行動を行う地域住民のニーズは、マスコミへの露出度数が多い出演者が好まれる傾向にあり、ホールとしても入場者確保の観点からそのような事業を優先させることとなっている。
　市町村レベルの施設は、都道府県や政令市の事業のコピーを実施しようとする場合が多く、地に足のついた事業でないことが多く、地域の公立文化施設・ホールの社会的役割、存立意義を考えると、「身の丈にあった事業」というものの確立が重要であることに気がつく。と言っても、劇場・ホールにマネジメントを行う人材が配置されている施設は少なく、事業の適正価格把握や運営のノウハウを欠いたままでは、外部事業者の言いなりになるしか方法はないようである。

　しかし、そのような状況の中でも、地域の施設である市町村レベルの劇場・ホールは地域ニーズを把握した事業費の効果的運用に努めるべきであろう。それには、1 事業あたりの費用限度額を厳格に設定し、企画にあたっては各分野に配慮したバランス良い展開を心がけ、担当者が交渉能力を磨くことが必要である。
　事業の実施には、リスク管理を徹底し、金銭感覚、予算把握、需要を喚起させるマーケティング能力を駆使し、実行できる行動力を持つことが望まれる。それにより、地域の

劇場・ホールが将来的に存立意義を継続して維持できることが可能だと考えている。

10、地域公共ホール連携の必要性

　　地域公共ホールはそれぞれ開館に至る過程があり、様々な顔を持っている。行政主導で建設計画を進めたホールがあれば、住民主導で建設を実現させたホールもある。しかし、建設までの過程より、開館してからの運営がどのようになされているのかが重要であり、実際そのことがホールの顔の表情に如実に現れている。

　　公立文化施設の運営は大きく分けて「直営」と「自治体の財団組織が受託する指定管理」、そして「純粋な民間指定管理」であるが、どちらにしても事業運営の事業費のあり方が問題になる。直営の中には事業費を消化しきれないホールがある一方で、自主事業を行わず貸館となる施設がある。そして、絶対的な予算が不足し、娯楽分野の事業を先行させて、自前で事業費を確保し、本来公立文化ホールが実施するべき収益性が低く芸術性の高い事業を実施しているホールもある。

　　劇場・ホール間を連携させる施策としては、㈶自治総合センター（＊）による宝くじ文化公演による連携事業、㈶地域創造による連携事業（3つ以上の地方公共団体が連携し、効率的な運営を目指して共同で行う事業を支援するもの）の他、

民間文化財団による支援事業等がある。これらは事業運営に当たって事業予算が不足している、あるいは実施のノウハウに心配があるなどの悩みを抱える劇場・ホールにとって、1館では困難な事業でも複数館で実施できるメリットがある。民間文化施設では、東京の紀尾井ホール、大阪のいづみホール、名古屋のしらかわホールにおいて、共同で作曲作品の依頼と演奏や同一プログラム公演などを実施し、一定の成果を得た実績が評価されている。

　本館も以前に「長久手文化の家」と演劇鑑賞事業や演奏事業を実施した経験がある。それらは必ずしも補助金を頂いた事業ばかりではなく、いわゆる鑑賞者の競合が無い地域ならではの公演として先輩施設のノウハウを学び、有形無形の援助を頂いたと思っている。このような事業の実施ができるのは、愛知県内の公立文化施設の職員・スタッフが「ペーペーの会」という親睦組織を立ち上げ、実質的には飲み会であるが定期的な情報交換の場として、また、新人職員の悩みを共有して適切なアドヴァイスを出す有意義な会として存続していることと、連携事業の情報交換の場として機能していることで可能となった。

　ソフト（実演団体）を持つ施設は、明確な顔を持つことが出来るが、ハードのみの施設では無表情な顔となるので、劇場・ホールは特色ある表情を実現するため、ソフトを持てなくとも、それに準じた実演団体の公演が実施されるよう努力すべきであろう。そのためには、様々な連携が功を奏すことを指摘しておきたい。

....
＊㈶自治総合センター / 財団法人自治総合センター。住民の自治意識の向上、地方公共団体の行政運営の円滑化に関する活動及び地域の振興事業を通じて、宝くじの普及広報を行う団体。地方自治の振興及び住民福祉の増進に寄与することを目的として、地方自治関係者並びに地方6団体代表者が設立者となり、昭和52（1977年）に設立された。

11、公立文化施設のもう一つの役割
＜公民館との連携＞

　　公立文化施設は設置にかかる法的な基準は存在せず、設置する地方自治体がそれぞれの裁量で施設を建設してきた経緯があり、実際に行われる事業について様々な問題が指摘されている。
　　設置の意義は地域への文化的貢献や住民が芸術文化に接する機会の保証が主な役割であるが、1990年代以降新設される公立文化施設は、各種講座や教室、そしてギャラリーが運営できる施設が併設され、音楽や演劇を鑑賞するほか気軽に施設を訪れる住民が増加し、施設設置の目的が達成されてきた。特に、各種講座に対応する練習室や教室、バンド練習に使用するスタジオなどは、いずれも稼働率が100％近い数字を達成している。

　　本来講座や教室に対応する施設としては、地域ごとに公民館があり、新設の公立文化施設がそのような機能を併設するまで、地域の中心的な役割を担い、今でも十分機能している施設は少なくない。公民館は、「社会教育法」に基づき、住民の教養を高め、文化の向上を図るために市町村が設置する「社会教育施設」であり、社会教育の振興のため、国や地方公共団体が遂行すべき任務や社会教育に必要な措置を定める法律が根拠にある。さらに住民の教養の向上、健康の増進、情操の純化を図り、「生活文化の振興」、「社会福祉の増進」に寄与することを目的としている。また、公民館では、社会教育主事が社会教育分野を担当し、「教育公務員特例法」に

定められる「専門的教育職員」として、社会教育を行う者に専門的技術的な助言と指導を与えることとなっている。

　　公立文化施設（美術館及び博物館を除く）に専門職員が配置されていないことを考えれば、公民館の方が運営の組織機能が充実していると言える。公立文化施設は、芸術文化を主目的とした劇場ホールとしての位置付けと、地方自治体が設置した公共施設としての役割の両面を担うことが期待されているが、いまや、社会環境や地域を取り巻く状況が大きく変化し、少子化による住民構成の変化と住民ニーズが多様化している。

　　そして近隣に建設された競合施設、市町村合併による文化施設配置の重複により、公共施設としての役割が分散し縦割り行政の弊害が出ている。各自治体が統一的で充実した文化行政を行うには、公立文化施設と公民館との連携が望まれるが、この分野に対する研究も進んでいない現状がある。

　　武豊町は、2003年の「武豊町文化創造プラン」（＊）で、パートナーシップ理念として個人、行政、NPO、文化団体、教育機関等、町内外の人や機関が連携することを目指すこととし、文化施設について、文化創造施設（町民会館）と社会教育施設（公民館、図書館、歴史民俗博物館）を定義付け、町民会館の運営計画の運営方針の中に、事業・運営担当者の多様性が記載されている。特にNPOに注目し、その力量に合わせた事業や運営の業務委託が出来るよう規定等の整備を進めるとしている。

まだ、不十分であるが、公立文化施設の設置目的の達成のため、ホール機能重視の施設と公民館の連携が本館創造集団の活動を中心に徐々に成果を上げている。多くの自治体では、公立文化施設と社会教育施設の連携が良好に機能しているといい難く、是非連携を進め地域文化に貢献できる体制を構築して欲しいと願っている。

....

＊武豊町文化創造プラン / 2003 年 (平成 15) に策定された武豊町の文化振興の基本理念。施策の体系、事業例などを示したもの。また、2004 年 (平成 16) 秋に開館した「ゆめたろうプラザ」(武豊町民会館) の活動や運営の方向性も定めている。

12、劇場・ホールの評価

　　文化施設の評価に対する関心が高まっているが、一言でいえば大変難しいというのが率直な感想である。公立文化施設の場合、施設の設置者である自治体が、その設置目的や使命を明確にすることが求められ、その上で管理・運営、事業収支、そして経済効果等の評価を行うこととなる。それらは事務事業評価の範疇であり、文化施設の場合は公共性や文化的価値、事業の内容まで踏み込んだ評価を行うことが難しいことが上げられる。

　　本館は、開館当初から「武豊町文化創造プラン」の中で評価の考え方を明らかにし、評価方針にそって評価を実施してきた。(1)毎年実施する評価と中長期の評価に分けて実施する。(2)多様な角度から評価する。(3)効率的・効果的に評価作業を実施する。(4)広く住民の意見を集め、評価結果を情報公開する。という4つの項目である。年度評価は毎年実施し、個別の自主事業、運営状況、収支を対象とし、利用者アンケート、利用者意見交換会等を評価データとしている。個別事業の内容・成果の確認、運営状況の確認、そして施策改善の検討を議題としている。評価機関としては、内部評価が会館の企画委員会、委託先、外部評価は運営委員会としている。中長期評価はまだ実施していないが5年に1度程度としており、現在見直しを行っているゆめたろうプラザ独自の「文化創造プラン」の平成24年までの事業スケジュールの策定が、現在までの施策達成状況の評価、各種年報を基に評価を行うこととなっている。

実際に本館は、事務局が作成する当該年度の実績報告書、NPOが作成するアニュアル・レポート、そして、館長が作成するアニュアル・レポートで開館当初から会館に関わる評価を実施してきた。これらは、あくまでも自己評価であり、純粋な第3者機関による評価でなく内容的にも甘さもあると認識している。現状は、会館が出した評価の結論を改善、実行する担保が保証されておらず、出来るだけ上記の資料を対外的に発信して情報公開し、今後の事業・運営の戦略や方向性の策定に結び付けたい。

　一般的に文化施設の評価は、ようやく取り組みが始まったばかりである。文化政策として事務事業の評価については、各種データに基づき評価が容易であるが、問題は事業の公共性、すなわち文化的・芸術的価値の評価であろう。これらに取り組む場合、何よりも事業を標準化することが困難で、適切な評価指標や評価方法の設定が難しいということが、取り組みを遅らせている原因であろう。評価と言えば、高等教育機関である大学は2002年の学校教育法改正により、2004年以降文部科学大臣の認証を受けた評価機関による評価を、7年以内の周期で受けることとなり、全国の大学が個々に評価を受けている。将来的に劇場・ホールの評価もそのような状況になってゆくのだろうか。

02
新時代のアートマネジメント

02
新時代のアートマネジメント

1、 究極のアートマネジメント

　究極のアートマネジメントとは、芸術が経営的に成立するようマネジメントを行うことであろう。しかし、いわゆる芸術分野に関わる実演家やマネジメントを行う事務所では、芸術が何らかの補助金なしでは成立しない、ということを考えの根底に置き事業を進めているようだ。いわゆる娯楽やポピュラー分野の公演が常に採算性を考えて公演することとは大きく異なる。社会的に景気回復が足踏み状態となる中で、公的補助金や民間の助成金が縮小され、益々事業の実施が困難となっている。しかし、このような状況がチャンスと捉えることもできるのではないか。

ほとんどの公演が、複数回実施するだけの鑑賞ニーズが無い単発で実施されているため、実施しても採算が取れないということを耳にする。確かに今までの枠組みでの構成では当然のことだろう。経済学における限界費用を例に考えると、展示を主な鑑賞形態とする美術分野の企画では、１度展示会場を準備できれば、予想以上の入場者が来館しても新たな固定費用の支出が必要とされず、最初の固定費が限界費用となる。しかし、舞台芸術分野の公演では、予測より鑑賞者のニーズが増えて公演回数を増やした場合、会場費や出演料などに新たな支出が必要となり、余計に費用が必要となり限界費用が増えることとなる。

　限界費用とは財、サービスを生産するとき、ある生産量からさらに１単位多く生産するのに伴う追加的な費用を言うが、芸術分野の公演では１回分の練習で複数回の公演を実施するのは、欧米のオペラハウスでのオペラ・バレエ公演、そしてミュージカル公演、あるいは国内のポップス関係の全国ツアーによる複数公演などである。オペラ・バレエについては、総合舞台芸術として実に多くの出演者、スタッフが関わり、特別な演出による舞台装置などで、初めから芸術の意義を重視して取り組むため、公演を採算ラインにすることは眼中に無いと言って良いだろう。

　芸術にとって益々厳しさを増す社会環境の中で、市場における芸術の新たなとらえ方も模索されている。最近発刊された『芸術の売り方』（英治出版）にも、「企業の生産活動において販売を促進するマーケティングの重要性が叫ばれる

ようになる中、芸術・文化事業においても現代的マーケティング戦略の活用で、何よりも観客動員を増やす新たな視点が大事である」と記述されている。芸術への支援・援助の現状は、行政などの金銭補助だけが念頭にあるように見えるが、人材やサービス、設備・施設、宣伝など色々な形での芸術への支援、援助が考えられるのではないだろうか。総合的に芸術性と採算性のバランスを取りながら顧客開発を進めることが、究極のアートマネジメントであると私は考えている。

2、 アーティスト・イン・レジデンスの可能性

　　アーティスト・イン・レジデンスとは、アーティストが一定期間ある地域に滞在して、地域での生活を通じて芸術創造活動を行うことである。目的としては、アーティストと地域社会の交流で地域の活性化を目指し、創作環境をアーティストに提供することで、創造活動をうながし出来上がった作品を発表することまで含んでいる。

　　活動そのものはアートマネジメントの発足と重なり、我国においては若手の芸術家が文化庁や民間財団の派遣制度を利用して海外に一定期間滞在して創作活動を行い研鑽を積むことが行われ、国内においては1990年代から自治体が地域の歴史・文化と関連づけて地域の活性化や振興を目的に実施してきた。

滞在費や創作費用に対する助成の有無、渡航費用の負担、そして住居の貸与と成果発表機会の提供などが内容である。自治体などが管理する施設での実施例が多く、主に美術分野の中でも現代美術分野で活発に行われている。全国的には京都芸術センター（＊）や秋吉台国際芸術村（＊）でのアーティスト・イン・レジデンスが知られているが、現在は自治体が支援をする形で全国36ヶ所で演劇、ダンスに関わる舞台芸術、絵画、彫刻などの美術分野においてアーティスト・イン・レジデンスが行われている。東海地域では、岐阜県美濃市「美濃・紙の芸術村」、瀬戸国際セラミック＆ガラスアート交流プログラム、とこなめ国際やきものホームステイなどがある。また、岐阜県中津川市（旧恵那郡加子母村）では、平成9年（1997）に若い芸術家のためヒノキ、スギなどの地元の間伐材を活用したアトリエ付き住宅「山村芸術工房」を地域の文化・産業興しを目的に2棟を建設した。家賃、地代は5年間無料の条件に応募が殺到し、続いて2棟を建設、最終的に10棟程度の芸術村を目指したが、現在は中断している。

　本館も事業計画にアーティスト・イン・レジデンスの実施を計画していたが、実現に至っていない。2009年1月24日から2月1日まで「絵の研究室」と称して、愛知県立芸術大学大学院美術研究科（油絵・版画領域）の大学院生3人が、会場であるギャラリーで制作の過程が分かるよう作品を設置し、スライドを準備しレクチャーを行った。内容としてはギャラリーが模擬住居として日々の制作過程が理解できるように考案されていた。出来上がった作品を鑑賞すること

と違う体験ができることで好評であった。最近は、近隣に住むヴァイオリニストの音楽家夫妻がCD録音のため本館を利用している。このように芸術家とホールが密接になることが、アーティスト・イン・レジデンスの意図するところと考えられ、今後ともその可能性を探ることとしたい。

....

＊京都芸術センター / 京都における芸術振興の拠点施設として、2000年4月にオープンした。 建物は、1993年に小学校の統廃合のため閉校となった、元明倫小学校。同センターは、京都に蓄積されてきたすぐれた伝統文化を現代に活かしつつ、美術、音楽、演劇などさまざまな分野の芸術が出会い新たなものを生みだす場とし、その成果を生活や技術、産業へとつなぐことで豊かな都市を再生させる場として構想され設立された。

＊秋吉台国際芸術村 / 国定公園「秋吉台」の麓に国内外の芸術家の表現創造活動の拠点として、1998年8月にオープンした。この「芸術村」は、世界に開かれた「芸術文化の創造と発信」の場として、音楽、美術、ダンス、演劇など幅広い芸術文化活動に対応できる滞在型芸術文化施設で、「アーティスト・イン・レジデンス」やセミナー・ワークショップ事業のほか、国内外の関係団体との連携プログラムや地域に密着したプログラム、滞在者と地域との交流事業などを展開している。

3、 韓国の文化政策
   ＜大邱市の現状について＞

　2009年7月2日から8日まで韓国大邱(テグ)市で開催された「第3回大邱国際ミュージカルフェスティバル（DIMF）」に参加してきた。2009年のDIMFは、6月15日から7月6日まで22日間にわたって大邱オペラハウスなど 主要公演会場10カ所で開催され、大邱広域市が主催し社団法人大邱ミュージカルフェスティバルが主管、文化体育観光部が後援したイベントである。大邱市は地域の豊かなハードとソフトインフラをもとに、創作ミュージカルの活性化と人材育成及び底辺拡大を通じて公演文化都市としてのイメージを高めて、市民生活の水準向上に繋がる余暇文化のため、3年前からフェスティバルを開催しており、2009年が3回目となる。

　2009年の内容は、国内外からの招聘ミュージカル8作品と創作支援ミュージカル5作品、そして国内外大学生ミュージカル9作品、自由参加2作品など24作品の公演が行われた。期間中の公式行事として、ミュージカルフェスティバルの開幕前に行事の開催を記念する前夜祭が 6月13日、「コオロン野外音楽堂」でミュージカルスターたちのガラ・コンサート（＊）が開催され、6月15日の開幕公演後、開幕記念レセプションが大邱オペラハウスで行なわれた。最終日7月6日にはミュージカルスターたちが参加して今年のミュージカル賞、DIMF創作ミュージカル賞など8個部門を表彰する「第3回大邱ミュージカルアワード」が啓明アートセンター（＊）で開かれた。付帯行事として歌、ダンス、演

劇など多様な公演が実験性を追求する自由な形で開催され、ミュージカル展示会、ショーケースなど多様なプログラムも用意されていた。

　　今回のDIMFには、第1回目に引き続き日本から「名古屋芸術大学ミュージカルコース」が招聘され、韓国内の大学生が演ずるミュージカルと競う形で公演を行った。ミュージカルの3要素は歌、演技そしてダンスであるが、韓国では歌に力量が認められるものの、ダンスについての未熟さが目立った。公演会場となった啓明大学アートセンターは2008年に開館した新しいホールで、1995人収容のクラシックから様々な舞台芸術まで公演可能な多目的ホールである。舞台はオペラハウスの舞台機構と十分な舞台スペースが設置されており、多くの大邱市内の劇場・ホールの中で稼働率がトップクラスであると館長が述べていた。また、授賞式では韓国文化長官が国の重要な文化政策にミュージカルを位置付けると述べていたことが印象に残った。2006年の世界各国の国家予算に占める文化関係予算の比率（文化庁HP）を見ると、韓国がフランスを抜いて第1位であり、その発展は驚きである。今まで我が国の文化芸術関係データは欧米との比較でのみ表記される傾向があったが、韓国のハードの充実とともに

ソフト面への取組みが際立ち、国と自治体が連携した文化政策の勢いは今後も止まることはないであろう。

....

＊ガラ・コンサート / ガラとは、イタリア、フランス、英語、ドイツ語で特別興行、祝賀会の意味。通常のオペラ公演とは異なり、多数の出演者が代わる代わる登場していくつかの演目の聴かせどころを演奏すること。

＊啓明アートセンター / 啓明アートセンターのある啓明大学は、1954年に大邱市に創設されたミッション系の大学で、1978年に総合大学に昇格した。27,000人余の学生がキリスト教の精神「真理・正義・愛」をモットーに学んでおり、特に日本学科、大学院日本研究3コース、日本文化研究所などが有名。音楽学部は900人の学生が在籍し、ミュージカルコースも設置している。

授賞式ホール、授賞式風景（左ページ）

4、 地域公共ホールとインターンシップ

　　地域公共ホールの事業運営は、昨今の経済不況で運営経費の削減による自主事業の縮減に悩んでいる。自主事業は、ハードであるホールの存立意義が確認できるひとつの形態である。残念ながら、年間数本の自主事業のほか、貸館同様の運営となっている立派な施設が多く見受けられる。ホールは、概して年配の女性の利用者が多いが、ホールの活性化には、聴衆および運営支援者確保のため、地域との関係構築が重要である。男性や若年層に対するアプローチを積極的に行う必要がある。

　　一方、今後文化施設が積極的に取り組まなければいけない課題として「インターンシップ」がある。インターンシップとは、会社などでの実習訓練のことで、学生が在学中に自分の専攻に関連する企業に体験入社する制度、体験就業のことを言うが、一般企業の受け入れに比べ、文化施設でのインターンシップ受け入れが進んでいない。いわゆるホールと同じ文化施設に属する博物館、美術館では学芸員資格取得のための実習として学生の受け入れを行っているが、音楽分野と関係が深い文化施設、会館・ホールでの現場研修の受け入れについて、アートマネージャー資格化への動きとともに、その実施を望む声が大きくなっている。

　　文化審議会文化政策部会（＊）の「アートマネジメント人材等の育成及び活用について」審議経過報告（平成20年2月1日）によれば、「アートマネジメントに関する実践

的な資質・能力の向上を図るため、文化芸術機関と連携・協力し、一定期間学生がその運営に主体的に参加するなど、実習・インターンシップの内容の充実や期間の長期化を図ることが求められる」とある。アートマネジメントに関する講座、専攻、コース等を開設する学校（大学院、学部専門学校）が増加する中、文化施設等にインターンシップの受け入れを期待する声が高まっており、会館・ホールが具体的な受け入れを実施してはどうか。

　　施設・ホールにとっては、インターンシップを受け入れることで、新たな業務が発生するため敬遠することも少なくない。受け入れるには、地域公共ホールの使命やアートマネジメント人材育成への理解が必要である。人材の育成には、文化施設の支援が必要とされ、実習・インターンシップにより文化芸術機関が求める実践的な資質・能力の育成が期待できる。文化施設は定期採用の少ない職場であるが、最近は舞台芸術に興味を持つ若い世代の学生が増えており、大学等と現場の両者が連携を図り、アートマネジメント人材の質の向上に向けた取り組みを進めることが極めて重要と考えられる。

....

＊文化審議会文化政策部会 / 文化庁の文化審議会令の規定に基づき平成12年（2000年）6月、文化審議会に文化の振興に関する基本的な政策の形成に係る重要事項に関し調査審議を行うため、文化政策部会が設置された。

5、 特定非営利活動法人（NPO 法人）と
公立文化施設（ホール）

　　全国の公立文化施設の建設は、1920 年代の集会目的の公会堂建設から始まり、60 年代に本格的文化会館建設による多目的ホールの時代を経て、70 年代には地方自治体が文化行政の一環として積極的にホール建設を行ってきた経緯がある。80 年代には専用ホールの必要性が叫ばれる中、90 年代以降専用ホールを備えた大型の複合施設が建設され、2000 年代からは中規模ホールが好んで建設されるようになった。いわゆる「ハコモノ」が一通り全国に行き渡り、施設の運営は自治体の直轄か外郭団体（施設管理公社あるいは文化財団）が一般的であったが、最近は運営のあり方に関心と期待が持たれるようになってきた。公立文化施設 (ホール) は、管理から運営の時代になったと言われるが、現状は指定管理者制度の導入もあり、費用削減だけが先行し不十分な管理・運営が行われている。

　　 公立文化施設の運営の在り方が大きく変化する中で、事業をマネジメントで活性化しようとする動きもあるが、地方自治体の厳しい財政状況により、期待するような結果が得られていない。一方で、この 10 年以内に建設された公立文化施設（ホール）においては、建設計画段階より地域住民が中心となって、施設の利用に積極的に参加し、完成後も運営に参画している例がある。いわゆる NPO 法人組織（＊）での参加である。本館も開館当初より「NPO 法人武豊文化創造協会」が鑑賞事業や芸術と科学のハーモニー事業、そし

て会館管理運営受託事業に参画をして効果を上げている。現在、日本全国のNPO法人認証件数は33,124件（愛知県では1,062件）その中で学術、文化、芸術又はスポーツの振興を図る活動を主な活動としている団体は、10,552件で全体の32％（各団体が複数の活動を行っているため）となっている。

　　NPO先進国であるアメリカは、163万団体が活動を行っているが、その活動分野は、保健・医療または福祉の増進を図る活動を目的とする団体が最も多く、次いで社会教育の推進を図る活動、まちづくりの推進を図る活動となっている。本館で活躍するNPO法人は、文化・芸術振興を図る活動を主な目的としているが、このような目的を掲げる団体は日本でも年々徐々に増加している。殆どの会館にサポート組織としての「友の会」的会員組織が存在するが、事業の企画・運営までの関わりが無く、文化ホールの事業を活性化するには責任ある法人体制であるNPO法人が望ましいと考えている。武豊町民会館では、2006年度「武豊文化創造協会」（NPOたけとよ）に年間事業予算の37％、13本の有料鑑賞事業のうち4本を委託しており、会館自主事業、実行委員会委託事業と合わせて、事業の3本柱の一翼を担った。

　　会館自主事業は、館直営では伝統芸能や演劇、舞踊分野を重点的に、実行委員会は音楽分野、そしてNPOは児童向け企画に重点を置いた事業を行っている。NPOは、セグメンテーションに（＊）より地域の特性を見極め、ターゲティング（＊）により的を絞って、それに強くアピールする具体的ポジショニングを選択し効果を上げている。本館では

事業費に占める入場料収入について50%以上を目標としているが、「NPO法人武豊文化創造協会」では、委託事業費の50%を実現していて、全体として会館事業の調和の取れた事業運営を実現しホールの活性化に寄与している。

....

＊NPO法人／平成10年（1998）に制定された特定非営利活動促進法に基づき、特定非営利活動を行うことを主たる目的とし、同法の定めるところにより設立された営利を目的としない法人である。「NPO」とは、「Non Profit Organization」の略。

＊セグメンテーション(segmentation)／マーケティグ用語で、顧客マーケティング及びビジネスのあらゆる側面において必要となる顧客理解のための基礎的な手法。市場競争が激しくなる環境において、この能力は益々重要になっている。

＊ターゲティング(targeting)／実施するマーケティングキャンペーンの投資対効果を最大化するために最も重要な要素で、顧客の輪郭を描き出すために必要不可欠な能力である。市場のセグメンテーションを行なった後、標的市場を選び、特定層にターゲットを絞って持続的なマーケティングを展開すること。

6、 実演家の立場からホールを考える

　実演家とは、「実演を行う者及び実演を指揮し、又は演出する者」で、俳優、舞踊家、演奏家、歌手、指揮者、演出家、奇術師などを指す言葉である。実演家の主な活動の場は文化施設のホールで、なかでも演奏家とホールの関係は重要である。ホールはその歴史的経緯として、日本では欧米のホールに比べ、ハード建築物として独立したイメージが強く、そのため本来緊密な関係であるべきホールと演奏家が、貸館と利用者という関係になってしまった。

　一方、舞台芸術に関わる演劇関係者は演奏家に比べ、ホールと密接な関係を保っている印象が強い。それは、舞台設営や照明など会館の諸設備を利用する機会が多く、安全確保の問題もあり、ホール担当者と双方向のコミュニケーションが成立するためと考えられる。演劇関係者はホール建設が計画される場合のヒアリングや、実際に使用する際に意見を述べる機会を得て、ホールの事業計画に多くの影響を与えてきた。

　ホールを利用する実演家の中で、音楽関係者が利用する割合が一番多く、中でもプロフェッショナルとして活動をするオーケストラの団員の頻度が高い。楽団員は職業音楽家としての意識が強く、限られた条件の中で与えられた仕事を行うことが求められ、実際の演奏では黙々と与えられた業務をこなしている。

こだわりと言えば、舞台への照明角度の適正、備品である椅子の座り心地、融通性ある譜面台、そして楽屋の居心地など自らの演奏を快適に行うことへの意見を述べても、ホールの響きや設備には儀礼的な言葉に終始し本音を述べることがない。ホールでは、演劇関係者の意見が強く、当然それにより多くの改善がなされ、より良い実演が実現されてきた。しかし、実演の1分野の意見に偏った弊害も出てきているように感じられる。

　音楽関係者の口が重くホールの利用に対し積極的に意見を出さない状況が、ホール事業低迷の原因ともなっている。ホール関係者がよく口にする残響や響きの問題があるが、オーケストラ団員は会場を選ぶことができず、与えられた会場で最大限の効果を上げるよう、練習段階から音の長さの長短、適切な音量、音の響きについて自ら調整を行っている。音楽関係者のそのような振る舞いや仕事が忙しく余裕を持ってホールと関わりができないことが、有効な意見が出ない原因としてあったと考えられる。

　しかし、最近では若い世代の音楽家から、「ホールが音楽家を育てて欲しい」という願望が聞かれるようになってきた。ホールの関係者も、最もホールを利用する頻度の多いプロフェッショナルの演奏家の意見を引き出すとともに、若い音楽家を積極的に事業に参加させることで、低迷するホール事業の活性化を図ることが出来ると考えている。

　是非地域で活躍を望む音楽家の活用を進め、新たな聴衆の掘り起こしも同時に実現してはいかがだろう。

7、 地域の創造活動を考える

　　公立文化施設において、地域における創造活動の重要性が認識され、そのための取り組みが盛んになっている。それは、新しく建設された施設が生涯学習や各種講座等に対応する設備が充実し、地域の多様な要望に応える必要性が求められるようになった結果である。

　　10数年前から実演団体が地域の小・中学校に出かけて演奏や演劇等を上演する「アウトリーチ」と呼ばれる活動が盛んに行われるようになった。01「実践アートマネジメントの理念」でも触れたが、本来は手を伸ばすことを意味し、福祉分野などで地域の奉仕活動に公共機関が出張サービスを行うこととされてきた。芸術の分野では、日頃芸術に触れる機会の少ない市民に対して働きかけを行うことを意味する。最近では、地域の文化ホールが自主企画の一環として、この「アウトリーチ」活動に積極的に取り組み、実演団体や個人を地域の学校や施設に派遣することなどをしている。

　　「アウトリーチ」という言葉が使用される以前は、オーケストラ団体が「音楽教室」と称して地域の小・中学校に直接出かけ学校公演を行ない、クラシック音楽の鑑賞機会を提供してきた。この活動は将来の鑑賞者育成に大きな効果があり、加えてオーケストラにとっては自治体から補助金が支出され運営の安定化に寄与してきた。現在では学校現場の芸術鑑賞が音楽と演劇、そして映画を3年1サイクルで実施をすることが一般化し、中には生徒が直接美術館、博物館、

文化ホールなどへ出かけることも多くなってきている。
　　最近では、新たに「アクティビティ」(＊)という言葉が頻繁に使用されるようになってきた。地域や学校公演におけるコンサートで、コミュニケーションを交えた取り組みが重視され、コンサートとアクティビティがセットとなり、体験や学習など教育目的の活動が含まれるようになり、芸術や福祉の分野でもアウトリーチに代わる言葉として定着しつつある。

　　公立文化施設が地域との関わりを深め、地域創造活動を活性化するには、実演家との協力関係が不可欠である。実演家も演奏だけではなく鑑賞者との良好なコミュニケーション能力が求められることから、地域の文化ホールが自らコミュニケーション能力を備えた実演家を掘り起こし、アートマネジメントを行うことが地域に創造活動の促進効果をもたらすと考えられる。
　　実演家には、文化ホールが芸術家(実演家)を育てて欲しいという願望があり、一方、文化ホールは地域の創造活動並びに鑑賞事業活性化のために実演家の活用を図りたいと願っており、両者の協同関係促進のため、文化ホールが地域の実演家に対し積極的アプローチを実現することで、地域創造活動の展望が拓けると考えられる。

....

＊アクティビティ（activity）/ 本来は、アウトドア・アクティビティ（一般的にはアウトドア）と言い、主に野外で行なうスポーツやレジャーの総称。芸術分野では、小中学校や福祉施設への出張コンサートなどがあるが、それ以外の分野でも最近はこの言葉が多用されている。

8、 マーケティングの一考察

　　文化施設におけるマーケティングとは、鑑賞者ニーズを的確につかみ事業計画を立て、最も効果的なチケット販売方法を選び、販売促進によりあらかじめ予測した事業収入を確保し公演を成功に導くための方法である。しかし、芸術分野では事業が営利として成立する事が困難であることから、企業を対象とするマーケティングと一線を画す取り組みとなる。

　　舞台芸術の公演を行うホールにおけるマーケティングは、鑑賞者や施設稼働率の増加を目的としているが、事業は主催者がイニシアチブを強めれば鑑賞者ニーズから離れる傾向があり、鑑賞者ニーズに配慮すれば、迎合し芸術的な立場が失われることとなり、それぞれの兼ね合いが難しい。マーケティングの資料となるアンケートは、従来から事業の料金設定や鑑賞者ターゲットをどのような世代とするのか、また性別あるいは来館者の住所がどうなっているのか、さらに、チケットの販売方法やホールの立地条件、会場席数についても鑑賞行動に影響があるとされてきた。
　　本館は開館以来鑑賞事業のアンケートを取り続け、それに分析を加え出来るだけ次年度事業に反映するようにしているが、それでもマーケティングの有効性を十分確信するまでに至っていない。今後、会館独自の質問項目を充実し実施しなくてはならないと考えている。

マーケティングが専門である慶應義塾大学名誉教授村田昭治氏は、マーケティングをひと言で表すと「子どもを産み育てること」であると言っている。（日経ビジネス 2008 年 11 月 3 日号）「愛情がなければ子どもは育ちません。商売も愛情をベースにしなければうまくゆかない、これからの商売は、＜顧客満足：カスタマーサティスファクション＞だけでは不足で、＜顧客幸福：カスタマーハピネス＞を追求しなければならない」と言っている。

　そして「多くの企業が競って効率化を進めていった結果、個性のない店が蔓延し、どこの店で買っても大差ないように思われるようになりました。いわば＜商売のコモディティー化（commodity: 日用品）＞が進んだ結果である。」と述べている。

　多くのホールで事業のコモディティー化が進み、個性のない事業が実施され観客・来館者が低迷する原因となっているのではないか。人生を豊かにするもの、精神的満足感を実現する芸術の原点に立ち返って、それぞれのホールが特色ある事業の企画立案を実施することが重要であろう。さらに、マニュアルを重視した来館者との対話について、再考することも必要ではないか。

　多くの人々が来館するホールにとって、来館者との対話を自然なものとすることが望まれる。そして、何も目的が無くともぶらっと行きたい場所、「たまり場」としての空間であることが必要であり、地域交流を促進するために、ゆとりが感じられる運営を実現させたいと考えている。

9、 地域文化ホールの新たな挑戦

　「ゆめたろうプラザ」(武豊町民会館)では、開館当初から2年に1度音楽祭を開催してきた。2008年度は、3回目ということで「武豊ビエンナーレ2008」として事業計画がスタートした。音楽祭は、実行委員会形式で約20名のメンバーが関わり、企画案は館長が提案し企画運営部会(ジャズ担当、クラシック担当、第九担当)、広報部会を設置して、各部会ごとに担当する企画の実施に向けて協議が行われた。

　この音楽祭事業は「ゆめたろうプラザ」の文化事業の柱の一つであり次の3つの性格を持っている。①幅広い音楽鑑賞の提供(知多の春の到来を音楽とともに楽しむ機会を広く提供する)。②参加・交流(住民主体の文化によるまちづくりとして、門戸を開放する。また内外の音楽家との交流を通して、日常生活の文化化を図る)。③地域発信(武豊町を周辺自治体そして全国の人々に知っていただくことは住民の自覚を高め、結果として町興しにつながる)。

　開館5年目となる2008年は、より地域に溶け込む会館としての企画を念頭に、有料入場者3,000人(町民総人口の7.2%)を目標とし、年間の有料鑑賞事業の入場者総数8,000人を目指した。全国の公立文化ホールが、いずれも事業の縮小により運営が低迷している中、あらためてホールの存在意義を問い、本館が掲げる文化事業の3つの柱を実現する内容とした。

武豊町は、いわゆる国や都道府県、そして政令指定都市の実施する文化事業と比較すると、ささやかな事業運営でしかないが、自治体の規模に相応しい住民の芸術鑑賞ニーズに合った事業の実施で、地域アイデンティティーを確立することが急務であると考えている。

　春の音楽祭は、総予算1,100万円の大事業となった。3日間で20公演を行い、いずれも低料金で実施した。会館の事業遂行の力量が問われ、困難な運営が予想されたが、地域文化ホールの事業運営のモデルケースとして、産業商工会にも協力を仰ぎ、文化ホールが将来にわたって発展できるよう、多くの住民の参加を得て成功した。

　次の音楽祭は「知多ペニンシュラ音楽祭」（＊）をすでに計画している。知多半島5市5町（右ページ参照）で人口が60万人、これらの市町が連携することで、知多半島の文化・芸術や観光を活性化できるのではないかと考えたのだ。

　地域ホールのあらたな挑戦とは、町民会館の設置目的を再確認し、その運営について町民の創造活動のサポート、自主事業重視の運営に力を注ぐことが極めて重要であり、結果として町民交流スペースとしての役割を担う施設となることであると私は考えている。

＊ペニンシュラ音楽祭／南カリフォルニアのペニンシュラ半島で開催される音楽祭。世界有数の音楽家が集いオーケストラやピアノやヴァイオリン・ジャズの演奏が行われる。武豊町は知多半島に位置し、そこから

愛知県

知多半島

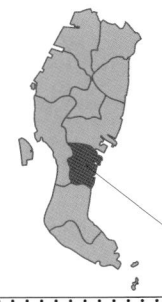

知多半島：行政区は東海市、大府市、知多市、常滑市、半田市、知多郡の東浦町、阿久比町、武豊町、美浜町、南知多町の5市5町に分けられている。

武豊町

同じ半島で開催されている音楽祭を目指そうという発想で知多半島全体の「ペニンシュラ音楽祭」という記述になった。

10、公共文化施設の「たまり場」としての役割

　「たまり場」とは、仲間がいつも寄り集まって出入りしている場所・店のことを言うが、議論を交わし、飲食をともにする場所でもある。実演にたずさわる人間にとって、仕事に関わる緊張を和らげるために必要不可欠な場所である、と同時に新たな発想が生まれる場でもある。コーヒーや煙草を楽しみ、歴史的には、文芸、美術そして音楽の各分野の芸術家が集まる場所として、数々の有名なコーヒー・ハウスがたまり場の機能を持って存在していた。

　余談になるが、そもそもコーヒーは、16世紀初頭にアフリカや中近東諸国で飲まれていた。17世紀後半にトルコ経由でヨーロッパ各地に普及し、18世紀には、男性の社交場としてコーヒー・ハウスが出現し、コーヒーが飲まれるようになった。やがて敏感な若者や、情報を求める紳士たちの交流の場として機能するようになり、パリのコーヒー・ハウスは、新進気鋭の芸術家のたまり場として機能し、イギリスのコーヒー・ハウスは新聞や雑誌を読める場所として、大いに繁盛したと言われている。コーヒー・ハウスでは、そこに集う人々の身分の平等性が保たれたが、男性のみの入場が認められた場所であることで女性からの不満と同時に、上流階

級からの階級の差別化を望む声により、新たにサロンやクラブというものが必要とされるようになった。18世紀以降は、劇場が多くの市民の娯楽場所として機能し芸術の大衆化が進む一方で、貴族や上流階級の望む公演も行われ、芸術の需要における二極分化が進んだ。その現象は現在に至っても続いている。

　また、コーヒーと音楽は密接な関係にあり、音楽喫茶などが繁盛していたが、以外にもコーヒーを主題とした音楽は少ない。その中でも有名なのは、J.S. バッハの作品にコーヒー・カンタータ（1732年）という曲があるが、女性がコーヒーを飲むべきでないという風潮の中、それに反発する女性の声を代弁し、ドイツでのコーヒー騒動を風刺したのがこの作品であり、「おしゃべりをやめてお静かに」という曲名であった。コーヒーは気分を高揚させ、神経を集中させる効果があることから、創作活動にかかわる芸術家などにとっては、コーヒー・ハウスは欠かすことの出来ない場所として存在していたと考えられる。

　いまや、公共文化施設であるホールが、地域の住民の「たまり場」として、その機能を備えることも必要であると考えている。ホールの利用者は勿論のこと、特に目的が無くともホールを訪ねて気軽にコーヒーやお茶を飲むことができ、日常とは異なる空間を感じられる場として存在したい。
　社会体制が変化しても、人間の行動や精神的営みに基本的な変化はなく、特に会館として若者や男性の年配者の来館が少なく、地域文化・生活文化の振興のために、文化サポー

トネットワークの拠点として充実を高めるために、「たまり場」を標榜し地域共同体での交流を進めてゆくことが必要であろう。

11、地域文化施設（ホール）と私

　日本における最近の公立文化施設は、ホール単体の建物だけでなく、練習室や講座を実施するための部屋、ギャラリーなどが設置され、複合文化施設として建設されている。文化施設は、芸術の創造者にとって極めて重要な活動拠点であると同時に、地域の児童・生徒への芸術教育のためのワークショップ、各種講座の実施を目的とした多様な使用に、欠かすことができないものとなっている。

　公立文化施設は、その歴史的背景から管理が主な業務とされてきた。施設を建設する自治体において、行政サービスの一環としての公平性や、利用の機会均等を担保することが求められたからであろう。日本における公立文化施設の歴史は、たかだか80数年であるが、いずれも多目的施設として建設されてきた。この20数年、民間の文化施設が多く建設され、中には使用目的を明確にした専用ホールなどが建設され、特徴のある事業を行うようになってきた。いまや自治体行政の在り方が変化し、官から民への流れの中で、公立文化施設の今後の管理・運営の在り方が模索されている。

　以前から公立文化施設のホール部分は多目的仕様で、どの公演に際しても中途半端な施設とされ「多目的は無目的」と言われ酷評されてきた。一方で、地域の芸術鑑賞者であっ

た住民の中に、会館行事に積極的に参加する方が増加し、複数の会館が連携した事業、運営のための講座も頻繁に開催されるようになり、会館の運営について、多くの人々に関心を持たれるようになってきた。

　私にとって公共文化施設（ホール）は過去も現在も、音楽家としての仕事の場であり、地域のホール、日本全国各地のホール、そして海外のホールも私の演奏の場であった。いま改めて当時を振り返ると、建築物としての魅力、演奏会プログラムと聴衆の反応、そしてホールに隣接する街並みなど、ホールを中心とした様々なことが思い起こされる。そのホールを今、自分が任されていることに運命的なものさえ感じる。そしてホールと私はともに成長し、これからも進化し続けていくのだと考えている。

03
文化施設における
アートマネジメントの視点

03

**文化施設における
アートマネジメントの視点**

1、 文化施設の機能と使命

　　文化施設は、いわゆる文化振興の場として地域の人口動態と財政状況に応じて建設されてきた。その使命は地域住民への文化・芸術の鑑賞機会の提供であり、それらの活動への参加と交流を促進させる使命がある。しかし、時代の流れとともに公が住民ニーズを把握して、文化施策を行うことに限界があることも明らかになってきた。いまや、文化施設の機能を生かすために、NPOや鑑賞者としての住民と密接に結びつきを持った組織の構築が重要となっている。

　　ハードが建物でソフトが実演家と理解されてきたが、ソフトの中身が鑑賞者である芸術の享受者までを含むものと理解し、ソフトの充実を図るべきであろう。

2、 文化施設の存立意義と地域との関わり

　　文化施設の存立意義は誰しも疑う余地のないものであり、現在まで地域と密接な関係を築いてきた。過去の文化施設建設の流れが変化し、最近はより地域住民のニーズを取り入れるようになり身近で利用しやすい施設が建設計画に反映されるようになった。

　　一部地域で施設の老朽化あるいは人口動態の変化により、存立意義を失いかけている施設も増加している。今後修繕・改築あるいは新築する場合、ただ単に修繕や改築するだけでなく、施設運営の観点から環境対策や管理費用削減、そして何よりも施設を利用する住民の立場に立って、今まで以上に検討を加える必要がある。

3、 文化施設の管理と運営

　　文化施設は建築物であり、当然維持・管理が必要となる。いままでは維持・管理が主で運営は後回しにされてきた感がある。そのため運営としての事業は、外部からのお仕着せのセットメニュー的な事業が多かった。全国何処でも同じような内容が実施され、事業運営には、主に事業者の助言が助けとなってきた。また、専門的な知識が必要とされる場合、外部の専門家に依頼してきた経緯がある。

　　最近は運営のための知識を得る機会が容易で、会館に関わる職員がノウハウを習得し専門家を凌ぐ人材も育ってい

る。会館に勤務する職員の人事政策において、自治体や本人の希望もあるが、自治体職員として避けられない人事異動において、一定の配慮が必要となってくるのではないか。いわゆる専門職としての異動の制限があって然るべきであろう。当然、本人の意思確認が必要なことは言うまでも無い。

4、 文化施設のハードとソフト

　　日本では、文化施設のハードは充実しているが、ソフトは貧弱であるということが言われてきた。ソフト（実演家及び文化施設利用者）が先にあり、それに付随してハードが建設される欧米と順序が逆であったため、結果としてそのような認識が定着した。
　　しかし、一方で現在の状況は、ソフトを担う創造者である実演家の側に大きな責任があることも事実である。一部の実演芸術や商業芸術を除けば、実演家の側には、行政や企業スポンサーが施設を準備してくれるもの、準備して当然というおごった考えがあったことが現在の状況を反映している。事例としては少ないがソフトを重視した施設も建設されてはいるが、まだまだ数が少ない。

5、 ホールと観客動員

　都市においては、文化施設を利用する人間を特定することが困難で、地方のように会員組織を作りにくいのが現状である。一方、都市では比較的営利な事業が成立するが、地方では料金設定からして難しく、都市より低額にしても事業の成立が厳しい。

　地方においては、独自性と特色を生かし、地方でしか出来ない事業を行うことで、都市部からの観客動員を図ることができれば素晴らしいことである。それには、ただ事業を行うだけでなく、事業に関わる全てのこと、たとえば企画を立て、チケットを買ってもらう前に、我々はこのような会館だということを鑑賞者にアピールすることが大事である。また、事業、会館施設、フロント職員の接客態度まで運営者は留意することも大切であり、鑑賞者の印象に残るかどうかで決定的な格差がでる。その上で、他の施設と違う独自の運営を追求するということにより観客増員が達成できる。事業構造を改革し何を自らの施設の強みとするかが重要である。

6、 自主事業と貸館事業

　会館の稼働率が60％を維持できると、その会館運営が成功と言われるが、特に根拠はない。芸術を展開する文化施設において、数値だけで評価することには違和感を覚える。公演内容や、その公演が地域社会の文化・芸術にどれだけ貢

献できたか、芸術と社会の出会いの場としての使命を果たすことができたかが重要である。

　地方における会館の利用の殆どは、貸館事業で、集会的な利用や音楽教室の発表会であり、自主事業は、予算の関係で限られた年10数回の使用となっている。自主事業の実施において、様々な分野の芸術をバランス良く行う必要があり、会館自らが社会との関係を積極的にプロデュースしていくことが求められる。また、財政的に不十分な状況の中では、年間で事業収支バランスをとることで、柔軟性のある事業展開を可能としなくてはならない。

7、　会館独自の支援事業

　最近、文化施設が主導し地域においてミュージカルが行われいずれも成功している。しかし、これが継続して地域の創造活動を牽引する団体になるのか、はなはだ疑問が残る。ミュージカルは営利事業として成長し、聴衆の支持を得られれば長い期間の上演が可能である。長い期間上演してこそ営利として成立する芸術分野の中で、唯一商業ベースとなる舞台芸術である。

　会館の自主事業の殆どは、非営利事業と考えた方が妥当であるが、会館が主導して行う団体の事業は、自立した団体として継続して発展させる方策が必要である。ミュージカルを構成する3要素である、ダンス、歌唱、演技のバランスを再構築する必要に迫られている。

8、 文化施設の職員

　　文化施設のスタッフには、芸術分野の専任職員が必要であると言われている。実情は行政からの出向職員が、本来の業務とは異なる業務を強いられる場合に、現場が混乱しその必要性が顕著に感じられる。しかし、会館における業務の大半は管理業務が主であり、運営にかかる専門的知識は限定されたものになるというのが、私の館長経験の率直な感想である。

　　専門家が意見を出すべきところは企画であり、その実現への体制構築には、職員スタッフの従来の就業形態に拘らない職員配置が求められる。また、利用者にとっては過剰な管理形態にならないことが望ましい施設のあり方だろう。

9、 文化施設を取り巻く環境

　　特に具体的な調査を行った訳ではないが、最近の文化施設管理は、指定管理者制度を導入するものが増えてきた。直接管理から文化財団等の運営に切り替える施設もある。当然、行政が管理経費と自主事業財源の削減を期待しての措置であろう。

　　文化・芸術は元々非営利的な事業であり、補助金や支援により開催が可能となる性質のものである。文化施設を取巻く環境が年とともに厳しさを増す中で、事業の継続と新たな適応という二面性を視野に入れた運営が求められる。

10、地域文化施設の活性化に向けて

　　現在、各地域の文化政策あるいは文化振興ビジョン検討に委員としてかかわる機会を与えられている。自治体にとって文化・芸術への関与が、施策上重要となっているにも関わらず、職員の削減等により事業の実施に支障をきたす恐れが出てきている。

　　人口10万人以上で、建設20年以上の施設を抱える自治体において、管理・運営と事業主体を明確にして、地域ごとに分散している文化施設の運営について、「文化・芸術運営のための協議体」を設け、地域住民との協働による組織運営を実施することが、今後の文化振興を行う上で重要なキーワードとなっている。

からくり工作教室風景（右ページ）

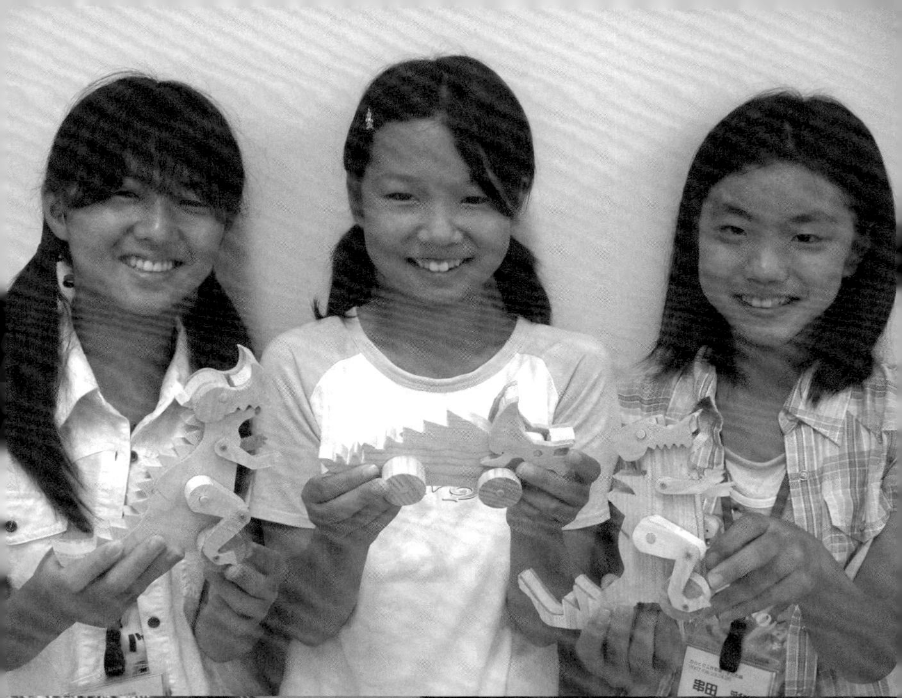
串田

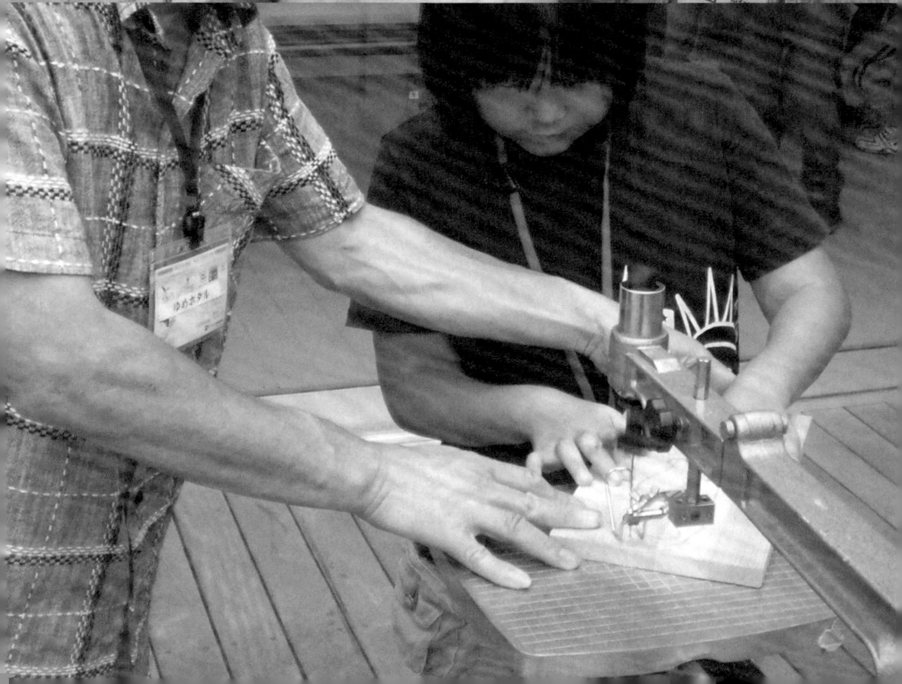
ゆめホタル

04
アートマネジメントの現場

04
アートマネジメントの現場

1、 文化施設の現場から学ぶこと

　　武豊町民会館（ゆめたろうプラザ）の館長を引き受けてから満3年近くになる。期待通りの職務が遂行できたかは甚だ疑問を感じている。本館は会館建設前から町の第4次総合計画に基づいた「武豊町文化創造プラン」が策定されていたため、初代館長はじめ町職員とNPO職員の協働により、県内でも評価される文化施設として運営されている。私自身、過去に実演家としての立場で文化施設に関わってきたが、実際に現場に勤務して当初考えていた運営と大きく違う認識を持つこととなった。

初めて施設で多くの体験をさせていただいたが、文化施設では事業運営は勿論のこと、施設を維持・管理することに多くの時間と労力を費やすことを理解することができた。予算の支出においてもそのような業務を反映した数字となっている。本館の平成20年度決算から言えば、人件費が28％、一般管理費が12％、そして維持管理費が40％となっている。最も外部から注目される事業費は14％、そして20年度に限り支出された施設整備事業費が6％であった。職員は施設の維持・管理に職務の大半を割かれる結果となっている。いわゆる余裕を持って事業を実施することが極めて困難な状況、ということである。

　それに加え劇場・ホールは、舞台機構を備えており、そこでは床機構と吊り物、舞台音響、照明の扱いに専門職員が必要とされ、施設では複数の専門技術者を雇用している。施設が維持・管理されてこそ事業が継続的に展開できると言うことであり、ハードとしての文化施設は、建設されてから5年単位で修理や修繕などの保守管理が必要となり、多くの施設を見ているとさしあたって建設後10年前後までは事業費が維持できるが、施設運営の総予算が増加しないところで、維持・管理費の増加に伴い事業費が圧迫される傾向があり、魅力的な事業の実施が困難となっている。

　このような現状で実際に魅力的な事業を実施するとなると、職員が限られた予算内で想像力を高め、良い企画に結びつける作業が求められる。施設管理の占める割合が多い業務時間の中で余裕を持って事業計画を立案し実行するには、町からの出向職員が現場に来てある程度力量が備わった時に異動する、と言うことの制限も必要になるだろう。勿論本人

の希望を尊重しなくてはならないことは当たり前であるが、劇場・ホールは20年、30年と生き残ることが出来ても、そこで実施される事業の枠組みは永遠に成功するとは考えられず、数年単位で大きく変えなければ成功は望めないだろう。改めて劇場・ホールの館長は事業運営における大局を読み、方向を定めることが重要な職務であろうと考えている。具体的には、劇場・ホールはアートマネジメントの経営的視点を併せ持つ、独立した任期制の館長を置き、事業の活性化及び充実を目指すことが望まれる。

2、「ゆめたろうプラザ」の長所と短所

　　この数年、ホール建設の傾向は客席数1000席を下回る中・小ホールが多くなり、いまや全国の公立文化施設全体の70%を占めている。

　　1970年代から全国に建設された公立文化施設は、いずれも客席数1000席を超え、多様な公演が可能な多目的仕様として、地方自治体の文化行政に寄与してきた。中・小ホールの建設が増加した背景は、それまでの多目的ホールが芸術分野の公演の質的維持・向上に対応できなくなってきたことが上げられる。

　　1995年頃からは、都道府県並びに政令指定都市で大型の複合文化施設が建設され、一方で専用ホール建設が増加

し、行政の横並び体質が崩れる兆しが出てきている。しかし、実際にホールの特徴を生かし活発な事業を行っているところは少ないのが現状である。公立文化施設では、事業費の削減と指定管理者制度による管理委託で、運営が貸館を主体となる中、民間ホールは、比較的アクセスの便利な立地にあることや、事業予算が確保されているため自主事業に特徴のある運営を行っているところが少なくない。

　「ゆめたろうプラザ」の長所を三つ上げるとすれば、一つ目は利用者にとって使い勝手がよく開館以来ホール稼働率は60％を維持し、中でも小ホール（響きホール）は利用希望者が多く地域の創造活動に貢献している。二つ目は年間31事業を実施しているが、小規模施設のため事業運営に小回りがきくことや利用料金が手頃であることであろう。三つ目は利用者への窓口対応の評判が良く、公立施設にありがちな窓口業務への苦情が少ないことである。

　短所としての一つ目は、アクセスが不便なため、事業によって集客に苦労することである。二つ目は少ない座席数により大型事業実施に制約があり、いわゆる娯楽的事業が実施できないことである。また、三つ目としてチケット販売が会館窓口だけで、購入に不便を感じるという指摘があることである。

　ホールとしては、短所の改善に取り組むこととなるが、アクセスについては、その不便さを嘆いても始まらないと考えている。それは、愛知県内で活発な事業展開をしている地

域公共ホールは、いずれも不便なアクセスの中で事業を成功させている状況があり、魅力ある事業の実施が一番の改善策と考えられる。大型事業については、規模にあった事業を展開し、その中で特徴を出すことが必要であろう。

　３つ目のチケット販売については、販売場所の拡大やインターネットチケッティングの導入が考えられるが、ホールの規模からコスト的に実施が厳しいと言わざるを得ない。もう一つ改善を要することとして、地域公共ホールとしてチケット料金設定を低額に抑えているが、芸術的要素の強い事業の入場料金に対して割高感を言われることが多く、理解を得る必要があると考えている。

3、 公立文化ホールの文化創造活動への取り組み

　公立文化施設の評価は、施設稼働率が一つの指標とされている。しかし、会館ホールで実施される公演内容や当日の鑑賞者の満足度は、主観によるところが多く数字だけで表すことができないと考えている。今や文化芸術を取り巻く社会環境が変化したこともあり、地域における文化創造活動への取り組みや貢献を最優先課題と掲げている施設が多くなってきた。公立文化施設にとって「地域の会館ホールが人材を育てる」ことも重要な役割の一つであり、若い演奏家にとっては「会館ホールが演奏家を育てて欲しい」という要望がある。しかし、まだまだ両者の取り組みの提携が進んでいない。その理由として、会館ホール側に実演家の実力を判断し接点

を見出すシステムがないことと、実演家にマネジメント意識が欠けていることが原因として考えられる。

　以前、地元の音楽大学を卒業した若い演奏家が小ホールで練習を行っていたが、それを聴いて私から声を掛けた。現在の若い演奏家の置かれている状況を聞くと、活躍できる演奏の場を求めているが、取り組む方法が分からず、地域で多くの演奏家が同じような悩みを抱えているようだ。
　私自身、大学で演奏家育成と音楽関連業種への就職に携わっており、公立文化施設の館長としてホールの活性化を推進する立場から、以前より若い演奏家のために具体的な企画を立て活躍できる場を作ろうと考えていた。元来、音楽家はオーケストラや合唱団を除き個人プレイが主体で、団体という組織は苦手な人達である。しかし、活動を活性化するには組織とマネジメントの関与が必要であり、組織化まで大げさに考えなくともマネジメントを担う人材の関わりが必要不可欠である。
　若い演奏家に会館に集まって頂き、会館ホールでの定期的演奏会や依頼演奏会の企画立案、各種講座等への取り組みをサポートし、なによりも地域の音楽家とホールの連携によるアウトリーチプログラム（出張演奏等の文化普及活動）を近隣市町村で実施することを目的として、将来的には会館ホールのフランチャイズ団体として成長させたいと考えている。

「0歳児からのクラシック」公演風景

4、 事業の始まり

(1)「ゆめプラファミリーコンサート」

　2007年度(平成19)、初めて本館の自主事業である「ゆめプラファミリーコンサート」―０歳児からのクラシックーの公演を聴いた。赤ちゃんや児童を対象としたコンサートは、多くの文化施設において実施されているが、通常殆どの施設でクラシックコンサートの未就学児童の入場を制限している。児童だけでなく母親の芸術に触れる機会が出産から育児の期間に奪われることから、ニーズの高いコンサートである。最近では、「親子で楽しむクラシック」、「音楽の絵本」、そして「赤ちゃんと一緒に優雅なひとときを」などのタイトルがある。今回は幼児の騒々しさにもかかわらず、質の高い演奏を披露していただいた演奏者の鑑賞事業への熱意に敬意を表したい。

(2) 芸術と科学のハーモニー事業

　2007年度、本館として体験・参加型の特色ある事業である、「NPOたけとよ・武豊町」主催による「ロケットトークライブ」と「モデルロケット製作教室＆打ち上げ大会」が開催された。ロケットトークライブは、元宇宙科学研究所ロケット班長の林紀幸先生（現在三重県二見浦・賓日館の会事務局長）により、参加者の疑問・質問に答えるコーナーがあり、子供たちの夢を大きく膨らましたと言える。火薬式のモデルロケット打ち上げでは、パラシュートをしっかり折りたたむことや、風の影響を計算に入れることが重要で、小学生の女の子が昨年を上回る成績(ロケットを打ち上げ、パラシュート

を開き落下する地点が目印に近いほど良い成績）で表彰された。

（3） 会館が忙しい年度始め

　　会館では、年度始めに各種会員団体や文化団体総会の行事が集中する。本館も 2008 年「ゆめプラメイト総会」と「武豊町文化協会総会」を行なった。「ゆめプラメイト」の会員はクラシックの器楽分野の演奏を好む会員が多く、2008 年度は総会終了後フルートとギターによるコンサートを企画、良く知られた曲の公演があり、最後にこの編成によるオリジナル曲「A. ピアソラ作曲タンゴの歴史から二重奏」を演奏し好評であった。また、実行委員会組織で運営する 8 月の「亀渕友香＆VOJA」実行委員会を発足させた。さらに、レジデント・カンパニーへ順調な歩みの「TAKE TO YOU(町民劇団)」に続く文化第 2 次集団育成（パイロット事業）として館長である私が音楽集団企画を提案した。さらに館長の仕事としてこの地域での特色ある音楽集団で、設立の実現性と活動の継続性、そして予算面からの検討を加えた案を自主事業の計画を審議する企画委員会に提案し検討した。結論は先となるが、人材育成と創造・発信事業として成功させたいと考えている。

5、 事業計画の進捗状況

(1) 第1回運営委員会開催

　2006年度(平成18)事業実績報告は、会館の利用者が10万人弱で施設の平均利用率が前年比2.5ポイントアップの66.8%であったことに、運営委員から概ね妥当な評価を頂き、引き続きギャラリーと和室の利用向上を図るよう要望があった。2007年度文化振興事業は、内容としてバランスが良いという評価を頂いた。施設利用について、今年2月の利用者との意見交換会において、利用者より町民会館の使用許可の変更を求める声が上がっており、現状の先着順から抽選方式への要望を実現する手続きを進めることとなった。また、子ども会からの要望としては、「芸術と科学のハーモニー事業」の中でも人気ある講座について、講座申し込み方法を検討することと、参加できる人数の増加を可能にして欲しいとの要望が出された。芸術と科学のハーモニー新事業として、「サイエンス・トーク(仮称)企業の人材による講座」が検討されていることを報告した。

(2) 鑑賞事業

　2007年7月20日　地人会公演　朗読劇「この子たちの夏1945・ヒロシマ ナガサキ」が大盛況で終了した。関連企画として本館ギャラリーにおいて「ヒロシマ・ナガサキ原爆写真展」が開催された。これからの鑑賞事業のチケット販売は、「亀渕友香&VOJA on LOVELY SOIREE」公演が60%の販売済みで、あともう一歩というところである。「東京佼成ウインドオーケストラ公演」は、実行委員会を3回実

施し広報・宣伝を積極的に行っており、販売に期待が持てそうである。

（3） 第 2 次音楽集団の件

2007 年 6 月末、教育長に企画説明を行い了解して頂いた。演劇集団に続く音楽集団として、他の地域にない特徴のある音楽集団ということで、「スイング・ジャズバンド」を提案した。鑑賞者が創造者になりたいという願望があり、育成事業の重要性から活動が継続できる環境を充実させていきたい。指導陣の人材も目処がつき、8 月より参加者を募ることとなる。

（4） アニュアル・レポート 2006 の作成

2006 年度「ゆめたろうプラザ」実績報告書が出来上がり、自己評価の観点から館長がアニュアル・レポート（年報）を作成しなければならない。8 月中に完成させ平成 20・21 年度事業企画に反映させることができればと考えている。将来的には外部評価の導入も視野に、地方文化施設の評価のあり方として、本館にとって適切な評価項目の検討を行う。

（5）「佳の会」第 24 回定期公演

武豊高等学校教諭 榊原佳子先生が、長年にわたりこの地域で「佳の会」を主宰し、地域音楽活動に中心的な役割を担ってきたが、今回 24 回目の公演が半田市福祉文化会館（雁宿ホール）で行なわれた。日頃から本館の事業にお世話になっていることもあり鑑賞に伺った。主に歌とピアノのメンバーによるオペラのアリアや親しみのあるピアノ曲が演奏され、

ナレーターの進行が功を奏していた。また、榊原先生の音楽会全体にわたる演出が素晴らしく、後半は美空ひばりの曲が合唱形式で演奏され、肩肘をはらない演奏会で愉しめた。このような演奏会活動が、地域住民のクラシック音楽への関わりを広げてくれるものと期待を持つことができた。

6、 地域文化ホールの新企画

「ゆめたろうプラザ」2007年度は、計画していた「くるみ割り人形」が無事に終了したが、新たな計画と予算計上が不可能な中で3事業を追加した。2008年、ギャラリー活性化事業「境界から見えるモノ TAKETOYO（絵画展）<2月2日（土）～11日（祝）>を名古屋芸術大学美術学部洋画コースの協力を得て実施。ミュージカル公演「A Back Stage Lady ～ショウビジネスに今夜も乾杯！」を同音楽学部ミュージカル研究所の協力で～<2月24日（日）>実施。そして、3月に第2次音楽集団の「スイング・バンド・TAKETOYO」初公演を日本福祉大学のジャズ研究会と名古屋芸術大学ジャズ＆ポップスコースをゲストに迎え開催した。

3公演とも大学との官学連携企画事業で、地域文化ホールの運営活性化のモデルケースとして、将来の観客動員に結びつくマーケティング調査の一端を担っている。いずれも少ない予算と低料金で実施する会館ホール活性化事業の位置付けである。またどの事業もホールが空館となる日程に、芸術団体の協力を得てスケジュールを当てはめた。地域文化ホー

ル事業は、少なからず大都市の文化ホール事業のコピーであり、施設の規模や住民意識に関わらず実施されている場合が多い。文化ホールが立地する地域に目を向け、それに相応しい企画事業が何故実施されないのだろうか、マーケティングによる地域住民の意識の把握が欠如しているのではないかと考えた。

　2006年11月、小牧市で開催された愛知県公立文化施設協議会研究会において、「公立文化施設の事業運営の活性化」と題して講演を行ったが、その折に愛知県内の公立文化施設の現状について、私なりに簡単な調査で施設や自治体の人口動態、それに予算規模と事業の実態を総合的に検討した。その結果、現状の県内公立文化ホールは3つの運営パターンに分けられ、その中で特に問題を抱える自治体は、およそ30万人前後の人口を抱え、市中心部から市街地への人口増加に伴い、新たに公民館施設を地域に建設し、文化事業が分散化している市であることが分った。そのような自治体では、中心となる文化施設が老朽化し、財政の悪化に伴い自主事業費が縮小し事業運営に支障をきたしている。その分散施設を地域芸術創造の拠点として、互いに連携を強めて現状を改善する方策が必要と考える。

　状況の改善には、ヒューマンパワーが何よりも効果があることを認識し、限られた条件の中で事業について果敢に取り組むことが、大切なことと考えている。そして、「事業は予算ありき」で計画を立案することが重要であり、そこには入場料収入を確保するマーケティングについて、地域の最

小単位マーケティングを丁寧に実施し、地域住民に公演に足を運んで頂くことを最優先に考え、収入に見合う支出を心がけることである。具体的には、①文化ホール独自の創造集団の創設。②空き施設活用によるCD制作等、各種講座運営のための音楽学校システムの導入。③芸術団体とのフランチャイズ契約の締結などである。また、実際の事業運営には地域住民の参加が不可欠であり、そのために地域文化ホールが主体的に組織育成に関わり事業を実施してこそ、地域文化ホールの発展が可能と考えている。

7、 夏休みの「ゆめたろうプラザ」

　年間を通じて、8月は会館利用者が少ない時期である。2007年も夏休みに入って、町内の武豊中学、富貴中学から延べ5人の生徒が職場体験学習に訪れ、バックヤードツアー的な施設見学と軽易な業務を経験した。今後も継続的に実施するなら、独自のプログラムが必要となるだろう。また、夏休みならではの光景として家族で会館見学に来ている親子が見受けられた。「NPOたけとよ」による小中学生向けの各種講座「石膏デッサン体験講座」「レゴロボット製作教室・中級」「からくり教室・子ども編」がいずれも好評であった。

(1) スイング・ジャズバンド実行委員会

　2007年8月に第2次芸術創造集団のスイング・ジャズ・バンド第1回実行委員会が発足した。会館が支援する町

民劇団に続く集団で、町民が気軽に参加・交流でき、他地域にない特色ある育成事業として発展した。2008年3月15日に第1回コンサートを計画した。

(2) 猛暑の中の消防訓練
　　年に2回実施する消防訓練が2007年8月16日に実施された。消火設備機器の扱いで初期消火の大切さが理解できた。実際にホール使用時で観客避難を想定すると、訓練実施の必要性が理解でき参加者が真剣に取り組む。

(3) 「ゆめホタル」がイベントに出演
　　残念ながらテレビ放映は叶わなかったが、2007年8月18日に岐阜県花フェスタ公園を会場とするイベントに「ゆめホタル」(＊)が出演した。キーボードでの弾き語りを囲むゆめホタルが幻想的な世界を表現し、新たな活躍の場の可能性が広がりつつある。

(4) 「亀渕友香＆VOJA」公演
　　2007年8月19日に実行委員会形式で実施した念願のコンサートが、地元合唱団（コーロ・セシリア、みずすまし）の協力で成功をおさめた。公開リハーサルには事前の申し込みのあった100人と、地元中学校の合唱団が参加した。亀渕さんによるQ&Aがあり発声等の質問に丁寧に答えて頂き、終演後の懇親会では誠実な亀渕さんの人柄に触れるひと時を過ごすことができた。「ゴスペルにはクリスマスが最適」との亀渕さんのコメントに答えるべく、2008年の企画にゴスペルを実現できるか可能性を探った。

(5) 町民文化祭実行委員会開催

　2004年から町民会館全館を会場に実施している「町民文化祭」が、2007年も11月2日〜4日に予定されており、その実行委員会が行われた。2006年は3日間で延べ5,700人（町人口の14％）の町民が鑑賞に訪れ、出展作品も1,600点を超えた。2007年も2006年を上回る来館と出展が予想された。町民文化祭は、多くの町民の方に会館を知って利用していただく良い機会であり、サポートを充実させたいと考えている。

(6) TAKE TO YOU「武豊ものがたり」

　2007年9月8日、9日で3公演を行うため集中練習に入っている。しかし、チケット販売の状況が芳しくなく心配が募っている。今回は原作公募作品で武豊を題材としたオリジナリティー溢れる物語である。

「亀渕友香＆VOJA」公演（上）、TAKE TO YOU「武豊ものがたり」(下)
「A Back Stage Lady」公演風景（右ページ）

111-112

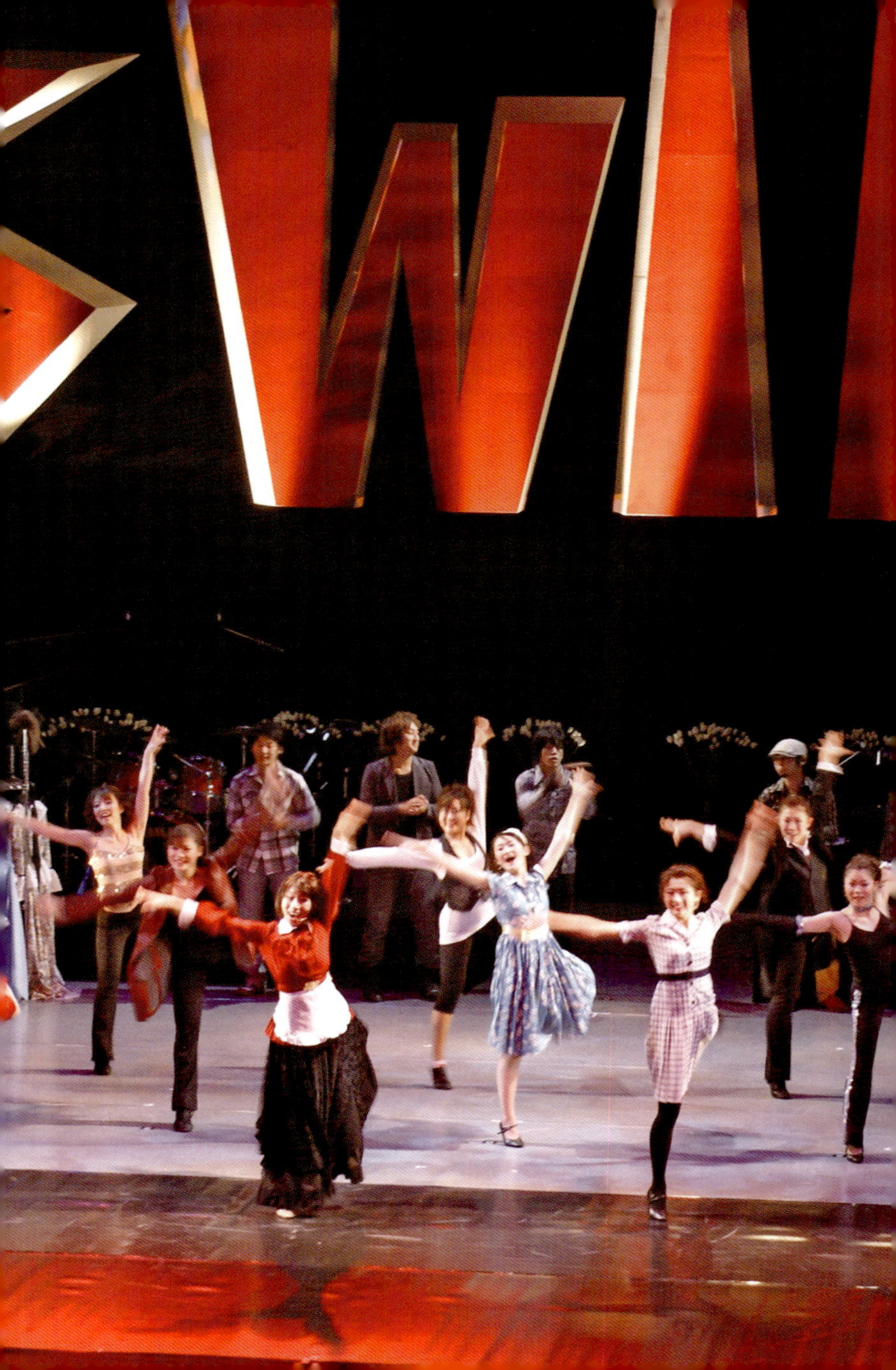

レクチャーコンサート「雅楽」(上)、春の音楽祭 2008「第九」(下)
113-114

「ゆめホタル」TV塔前（上）、光の芸術祭（下）

04 アートマネジメントの現場

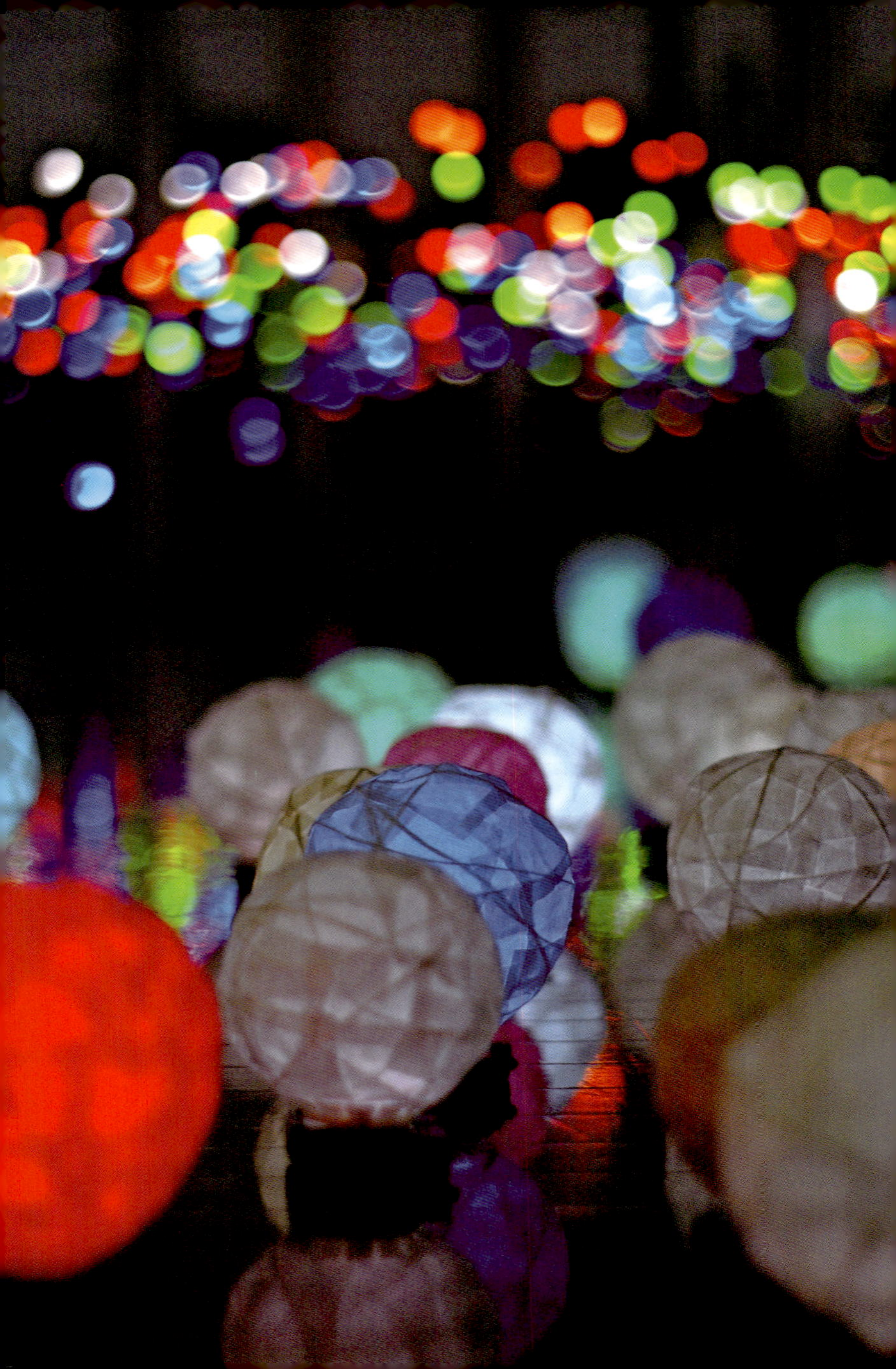

＊「ゆめホタル」/「ゆめたろうプラザ」の「芸術と科学のハーモニー事業」(芸術と科学に共通する創造の喜びをより多くの人に提供することを目的に様々な事業を企画・実施) のひとつで、ホタルの柔らかい光を LED (発光ダイオード) にまゆ状の散光体をかぶせて作り、音楽に合わせてイルミネーションを明滅させ芸術的な表現を試みる。
「ゆめホタル」の天の川 (左)、光の渚プロジェクト (上)

04 アートマネジメントの現場

8、 会館の繁忙期

(1) 自主鑑賞事業

　　2007年10月になり県内の文化ホールでは2007年度後半のイベント・ガイドの発行、集客のための情報発信など地域の創造活動としての芸術祭が開催され1年でもっとも活気のある忙しい時期を迎えた。「ゆめたろうプラザ」も10月7日の文化協会「芸能祭」を皮切りに10月14日の「東京佼成ウインドオーケストラ公演」、10月21日の講談「神田紫公演」が行われた。東京佼成ウインドオーケストラは、今回のプログラムに対する地域の吹奏楽愛好者の期待と、実行委員の精力的広報活動で満席となるコンサートであった。講談は、伝統文化に触れその発声や話し方から日本語を再認識することを目的に教室を開いており、その受講者の方や年配者の方が来館し充実感のある公演となった。伝統芸能公演は、公立文化ホールとして開催する責任があり、継続したい公演である。

(2) 芸術と科学のハーモニー事業

　　2007年10月、「大人の木工教室入門編」と「ハンドパペット制作」が行われた。11月に予定している人形劇団（夢知遊座）の代表による、「ゆめプラファミリー人形劇 」の人形制作は、多数の参加者で盛況であった。素材が柔らかいスポンジ材料のため、子どもたちは仕上げるまで相当苦労していたようだが、全員納得のゆく人形を作っていたように感じた。すでにハンドパペットによる11月11日の人形劇1回目公演は完売となっている。13日には「光の芸術祭(彩り)」

がゆめたろうプラザ・流れの池を会場として、3本のトランペットによるファンファーレと映像作品の上映で開始を告げ、「ゆめホタル」が点灯する中でフルート四重奏の演奏が行われ好評であった。27日には地域の方に科学の面白さを紹介する始めてのイベント「光をもっと知ろう」（サイエンス・トーク第1弾）が地元企業「日油株式会社」の協力で実施された。

(3) 会館業務

　館長の重要な職務のひとつとして、アニュアル・レポート2006（平成18年度事業年報）を町の全員協議会で報告を行い、あわせて活動評価に基づく改善案を申し上げた。また、会館オープン4年目に入り貸館受付を変更した。10月からは会場確保のため早朝から玄関前に並ぶ必要がなくなり、各週で練習会場として利用する場合、毎週来館して申請する必要がなくなる。申請受付の順番を決める抽選を行い抽選結果の順に受付をすることとなった。10月11日には企画会議を開催し、事業委託先であるNPOと2008年度事業の調整を行った。

(4) その他

　ギャラリー活性化事業及び今年度ミュージカル公演の実施について検討を行った。年度途中の自主事業は予算の手当てが出来ないが、無謀にも実施の方向で進めている。11月に武豊町民会館館長として愛知県公立文化施設協議会での講演を依頼される。

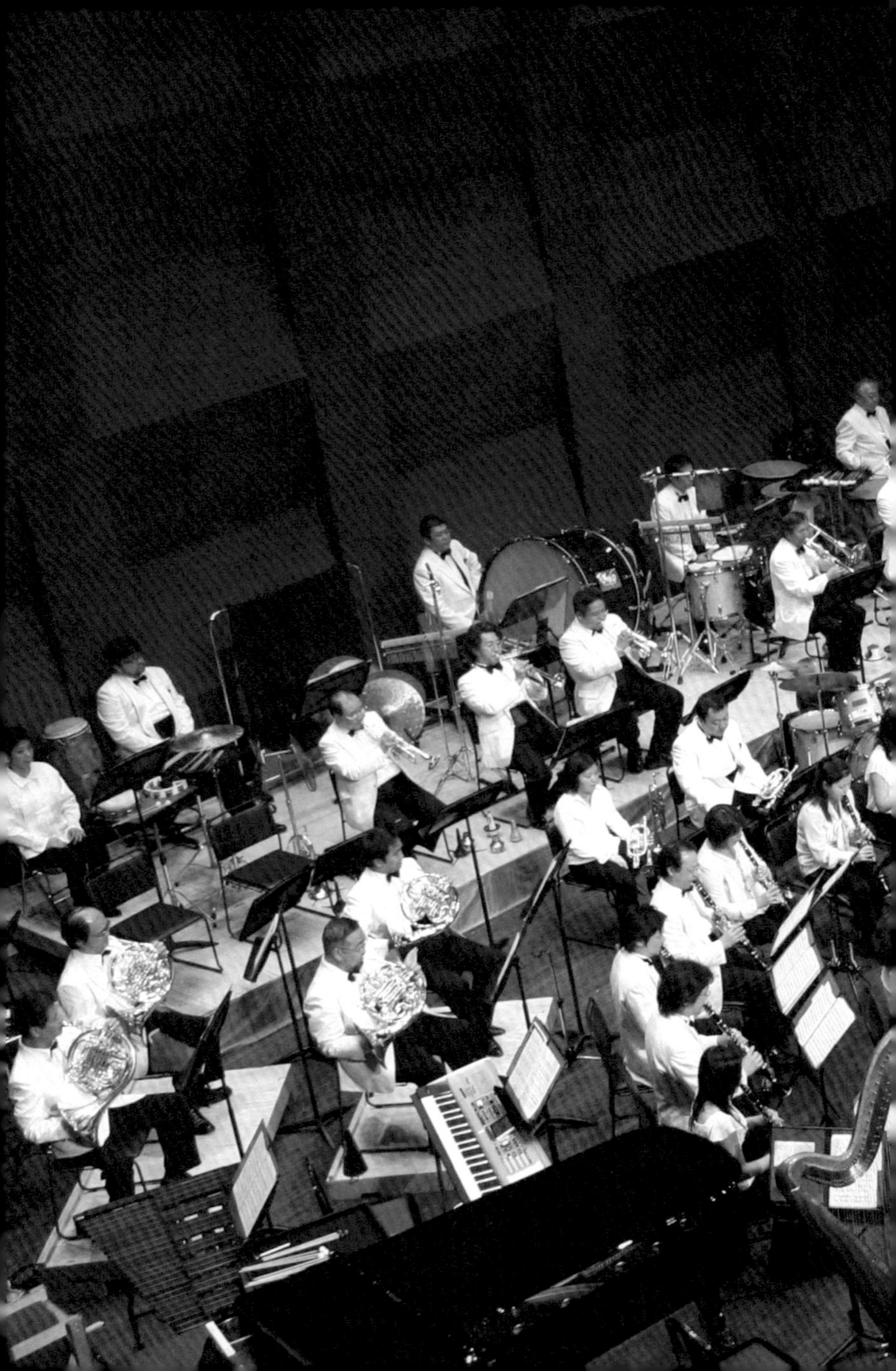

「東京佼成ウインド・オーケストラ」公演風景

9、「ゆめたろうプラザ」に芸術の秋到来

(1) 町民会館事業

　　武豊町民文化祭が 2007 年 11 月 2 日から 4 日までの 3 日間にわたって開催され、1,000 点を超える作品の展示があり、多くの町民が会館を訪れ創作と鑑賞活動が連動し、ホールが地域文化に果たす役割を認識した。第 2 次文化創造集団（音楽）「Swing Band TAKETOYO」は、8 日初めての練習がありシニアからジュニアの幅広い世代による活動がスタートした。11 日は人形劇（ゆめプラファミリー人形劇）が行われ、子どもたちに大変好評であった。

　　また、7 日には開館 12 年目となる新潟県魚沼市にある小出郷文化会館の櫻井俊幸館長をお迎えし文化のまちづくりセミナー「未来を担う町民会館 - 小出郷文化会館に学ぶ -」が開催された。櫻井館長によれば、元気なホール運営キーワードは、(1) 利用料金が安く時間の融通がきく (2) 住民参加型ホール運営 (3) コンセプトを活かした企画を継続的に行っている。とのことであり、本館も小出郷文化会館を目指して運営をして行きたい。

　　11 月 23 日から 25 日までは、レオナルド・ダ・ヴィンチが描いた機械のスケッチをもとに、木工作家の神谷長幸さんが木で再現した「ダ・ヴィンチ作品展覧会 2007」を見学した。自分でも製作し動かしたい気持ちとなった。24 日には海老名香葉子さんを招いて文化講演会「泣いて、笑って、がんばって」が行われた。

(2) 公的委員としての活動

　11月6日に長久手町運営委員会に出席し、着実に運営が活性化している印象を受けた。特にギャラリーの活性化と地域との協同による事業の取り組みに積極性が感じられた。一方で町民文化協会の委員より「展覧会のための展示室借用について希望する期間を借りることが出来ないので、善処して欲しい」との意見があった。「ゆめたろうプラザ」も今後同様な意見が出され対処が必要となることが予想される。14日岩倉市文化振興事業審査委員会があり、五条川沿いの桜並木に発光ダイオードの照明を飾り、商店街とのタイアップで地域の活性化を図るイベントへの事業補助審査を行った。桜へのダメージを心配する意見もあったが補助を実施することとなった。

10、地域創造支援事業

(1) 平成20・21年度自主事業企画案を提案

　2007年9月1日に平成20・21年度事業、ならびに第3回「武豊春の音楽祭2008」についての企画案を提案した。内容について今後さらに検討を加えてゆくこととなるが、町民会館の全施設を駆使した大変大掛かりな音楽祭になるであろう。公立文化会館の社会的使命が、地域創造活動拠点として益々重要性を増す中で、地域の芸術家の発掘を含め、会館の機能を最大限に引き出す公演を実現し、県内同規模施設の自主事業のモデルケースとして全国へ情報発信をできれば

と考えている。当然開館10年目を視野に入れた中期計画事業としての意味もある。20年度事業については、概ね今年度並みの規模でバランスの良い公演が計画出来そうである。

(2) 町民劇団公演「武豊ものがたり」の実施

「武豊ものがたり」の公演は、原作が公募作品で武豊町を題材とする内容であった。2日間で3回公演を行ったが、入場者は3公演で58%の入りであった。入場者数を一つの指標とすると、必ずしも公演が成功とは言えないが、ご来場頂いた観客の方々の声としては満足度が高く、公立文化会館が行う地域創造支援事業として上演の意義が理解されたものと考えられる。何よりも演技やセリフが素晴らしくレベルの高さが感じられた。劇団ということで演技に主体が置かれているが、ミュージカルを標榜するのであれば歌に磨きをかけ、ダンスの動きを機敏で統一性のあるものへ向上させるべきである。活動は今年度が一区切りとなるが、今後も継続して劇団を維持発展させるには、劇団員の確保と運営の在り方を考えた再スタートが望まれる。

(3) ゆめプラモーニングコンサート

9月19日(水) 今年度第1回となるモーニングコンサート「私たちとロマン派の音楽」を実施した。水曜日の午前中、ティータイムをはさみほぼ満席の観客が気軽に鑑賞を愉しんだ。残る5回のコンサートも期待が持てる。出演者が自立して公演を実施する素晴らしい取り組みであり、会館として今後ともサポートを継続したい。

(4) ギャラリーの現代美術

　芸術と科学のハーモニー事業の一環で「アートがつくる不思議な世界」が9月22日から3日間開催された。3人のアーティストの作品が、なんとも不思議な体験・体感を作り出していた。特に田部井勝氏の作品「邂逅（わくらば）」は、鑑賞者が実際に作品の上を歩き、その痕跡が目に見える形で確認できるもので、子どもたちに好評であった。

(5) 光の渚プロジェクト

　ラグビーワールドカップ第6回目となる今大会、日本代表は予選グループBで強豪フィジーに惜しくも負けたが、9月29日、今年度フレンドシップ事業の締めくくりで、籾山町長と議会代表、そしてNPOメンバーがフィジー諸島共和国を訪問し、環境問題と国際交流をテーマに「ゆめホタル」の実演をし、ゆめホタルがフィジーと日本で同時に光った。今後、新たなフレンドシップ事業について検討することが課題となっている。

11、武豊「春の音楽祭」

　2005年から東京有楽町の国際フォーラムを会場として始まった「ラ・フォル・ジュルネ・オ・ジャポン（熱狂の日）」（＊）の取組みは、低料金でクラシック音楽を楽しむためのイベントとして市民権を得ているようだ。2006年には仙台市において「仙台クラシックフェスティバル（せんくら）」

04 アートマネジメントの現場

が行われ、2008年は東京以外で初めて北陸で「ラ・フォル・ジュルネ・オ・金沢」が開催された。いずれの音楽祭も予想を超える聴衆が集まり、来場者の約8割がクラシック音楽のコア層以外であるということであった。

　2008年、開館5年目を迎えた「ゆめたろうプラザ」は、隔年開催の「武豊春の音楽祭」を、2月20日から22日の3日間で開催した。この音楽祭も「熱狂の日」と同様の目的を持ち、本館事業の枠組みである鑑賞、人材育成、文化発信に加え、交流＆住民参加の充実を目指して実施した。地域の公共ホールが、短期間に単独でこれだけ多くの公演を実施する例はないが、全国各地のホールが運営活性化に苦慮する中、地域との関わりを重要と捉え、限られた予算と地域の演奏家を活用した音楽祭開催は意義深いものがあった。

　前述の音楽祭は、いわゆるクラシック音楽人口が総人口の1〜2％とされる中、開催都市人口に占める有料入場者比率が、東京を除き仙台市3.9％、金沢市6.4％であり、クラシック音楽のコア以外の鑑賞者開拓に大きな効果があったといえるだろう。「武豊春の音楽祭」の入場者は、2,640名で人口比率の6.1％となっており、他音楽祭と比較して遜色は無いといえる。本公演は、クラシックとジャズをセットで実施し、2日間がクラシック、1日がジャズ公演となっている。事業計画段階から観客の意識と細分化に留意し、住民ニーズに合致した公演内容で、容易に入場券が販売できると考えていたが、マーケティング不足と広報・宣伝活動の遅れで苦戦した。中間集計の分析で明らかなことは、知名度の

ある演奏者に購入が集中し、特に地域で音楽文化創造活動を行っている演奏家への理解が浸透していない、鑑賞者世代に配慮し、音楽分野を幅広く網羅した演奏と曲目を用意したが、チケット購入者の意識に認識されていないことなどの問題があった。

　購入者が進んで情報探索を行う環境づくりや公演内容を評価し購買を決定するよう働きかけた。音楽祭の運営にあたる事務局、実行委員会では3日間の運営に向けた協議を行い、チケット販売の促進を図った。将来的には知多半島全体の「ペニンシュラ音楽祭」へ繋がることを期待しているため、公演まで音楽祭成功に向けた取組みを強化した。「ゆめたろうプラザ」にとって観客動員が公演の一つの評価であるが、それ以上に3日間で、33公演の運営協議を実現できたことも評価されて良い点だろうと思う。

....

＊「ラ・フォル・ジュルネ・オ・ジャポン（熱狂の日）」/ 1995年よりフランスのナントで開催されているラ・フォル・ジュルネの日本版、2005年にスタートした。フランス同様、演奏家の選出や演奏会の選曲はルネ・マルタンによって行なわれている。東京国際フォーラムで毎年5月の連休中に開催される一流演奏家による低料金のコンサート。2009年のテーマは「バッハとヨーロッパ」。2010年は「ショパンの宇宙」が予定されている。多くの日本企業が協賛して年毎に盛り上がっている。

04 アートマネジメントの現場

12、「武豊ビエンナーレ 2010」にむけて

　「武豊ビエンナーレ 2008<武豊春の音楽祭>」の評価について考える場合、公立文化施設の活動及び整備の社会的合意に照らし合わせ、様々な項目にわたって評価を行う必要がある。本館は、今まで事務局が作成する実績報告書、NPO法人「武豊文化創造協会」(通称 NPOたけとよ)が作成する年報、それに館長がアニュアル・レポートを作成してきた。これはあくまでも自己評価であり、将来的には評価基準の設定や評価の仕組みづくりが必要となり、外部評価の実施が求められると考えている。今回は、地域公立文化ホールの新しい取組みとして行った音楽祭の自己評価について述べることとする。

　２年ごとに開催される「武豊春の音楽祭」を「武豊ビエンナーレ 2008」とし２月20日から22日の３日間にわたって33公演が行われた。音楽祭終了後、参加された住民の方のご意見やアンケートから概ね良い評価を頂き、特にオープニングを飾った武豊町では初めてとなる第九演奏会では、地域で組織された合唱団が延べ20回にわたる練習と、地元演奏家による丁寧な指導により、素晴らしい演奏を披露し好評であった。有料公演を全て低料金で設定したことにより、新たな観客層の掘り起こしに一定の成果もあったと考えている。そして、地域の演奏家を動員した無料コンサートの実施も大きな反響があった。

予算的には過去の2回と同額の自主事業予算に演奏会収入を加え、1,000万円規模の予算立てとなり、入場券発売当初こそ販売に苦戦したが、結果として計画通りの収入を確保できた。運営については、3日間に集中して33公演が実施される初めての経験の中で、全てが手探りで困難な運営が予想されたが、特に大きな混乱も無く終えることができたことは、今後の会館事業運営にとって大きな成果であると同時に、貴重な財産となると考えている。文化行政の視点からは、3日間で約3,000人の住民（人口比率7.1%）の来館があり、その中で有料入場者が2,640人（人口比率6,1%）となり、クラシックとジャズという音楽祭開催コンセプトの上でも多くの住民の方の支持が得られたのではと認識している。

　今回、音楽祭で行った有料公演について回収されたアンケート内容は、従来からのクラシック音楽鑑賞スタイルを望む聴衆から「静かに聴きたい、複数公演を鑑賞するために公演ごとに時間的な余裕が欲しい、もっと有名な演奏家を呼ぶべきである」などの意見が寄せられた。また、「空席が目立つ公演があり宣伝が下手である」という指摘もあったが、通常の公演事業を含め改善を行なう必要を感じている。2年後に開催する音楽祭では、さらに充実した内容を準備して、頂いた意見を考慮しながら「武豊ビエンナーレ2010」を実施したいと考えている。

みそ蔵の街並み

13、地域住民と共に

(1) 行政

いまや公立文化施設の多くが指定管理者制度と経費削減の影響を受けている。幸いに本館は武豊町の直営で特に大きな経費削減がない。先日、町の全員協議会において館長就任の挨拶と会館の2007年度事業計画の説明を行った。引き続き議会及び町職員へ会館の存立意義と事業の理解を求めてゆく必要がある。今後2008年度予算要求準備の企画委員会を開催することとなるが、より広範な意見を集約できるよう委員会運営を考える必要がある。また、武豊町文化創造プランに基づく会館の方向性を審議する第1回運営委員会を7月に予定しているが、「2006年度実績報告・2007年度事業計画及び決算・予算」について慎重な審議をお願いしたい。そして、本館の住民主体の運営への取組みを多くの町民が理解できるよう、引き続き会館の経営と運営のバランスに配慮してゆきたいと考える。

(2) 企画

「ゆめプラメイト」が実施主体である「モーニングコンサート」審査会と説明会を実施した。2007年9月より6回にわたって実施する6団体枠に9団体の申し込みがあり、出演者自らの創造活動マネジメントで、手作りコンサートへの期待が高まる。10月に実施する鑑賞事業「東京佼成ウインドオーケストラ」の実行委員会が立ち上がった。実行委員会は適任者に集まって頂き成功間違いなしの確信を持った。NPO委託事業としては、武豊町民会館の特色ある「芸術と

科学のハーモニー」の各種事業の他、今年度はフレンドシップ事業で９月に南太平洋フィジー諸島共和国で持続的交流推進事業を計画している。また、会館には実演団体担当者の来館があり、多くの企画パンフレットが送られてくるが、いずれも高額な料金設定に驚いている。会館の地域社会における立場や予算を総合的に判断し、特色ある企画を考えて行きたいと考えている。そして、第２次音楽集団について最終的な企画絞り込みを急がなくてはいけない。

(3) 公演

未就学児童向け企画として俳優館公演「ゆめっぴ　ぼくらはみんないきている（からだの不思議ミュージカル）」があった。本館「響きホール」ならではの後方椅子席、前方が未就学児童へ配慮した座敷席のため、児童が身体全体で表現する反応が印象に残った。「寺井尚子コンサート2007」は年配のご夫婦が多く約７割の入場者があった。遠方からの来場者もあり、聴衆の層の厚さをあらためて認識した。また、PA（＊）や照明に地元スタッフを活用し派手さを排した上品な舞台が、聴衆の演奏への集中度を高めていた。

(4) 地域

以前より旧知の吉田誠氏（美浜少年自然の家所長）から連絡を頂き施設の視察を行った。将来本館を中心としたフェスティバルを計画する祭には、セントレア（中部国際空港）も近く、宿泊施設として利用ができるのではと夢が膨らむ。また、地元武豊高等学校竹田学校長が来館され、ゆめプラ会員への入会をして頂いた。町内の小中学校だけでなく高校生

へのアウトリーチ事業企画が必要となるかも知れない。30数年前から小学生の金管バンド指導で交流のある清水豈明氏が指導する「武豊吹奏楽団」が誕生した。町内の主婦らを中心に子育て中でも活動に継続して取組む新たな活動に期待をしたい。

＊PA（Public Abbress）　音響機器のこと。マイク・アンプ・スピーカーなどのシステム全体を指す。

05
実践アートマネジメント入門

05
実践アートマネジメント入門

章のはじめに

　この章は、「あいちトリエンナーレ2010」（＊）の開催にあたって、芸術マネジメントが必要だという声に促され開催された公開講座において、私が話した内容に基づいて構成されています。全体を3部構成にして、これまで述べてきた内容をさらにかみくだき具体的な事例を取り入れました。第1部は基礎講座として「アートマネジメント入門」。第2部は具体的な実践例ということで「会館・ホールスタッフの実務」。第3部は05「実践アートマネジメント入門」に関わる資料を記しました。

　度々述べてまいりましたが、私は、現在名古屋芸術大学音楽学部で音楽ビジネス（アートマネジメント）を教えています。といっても、もともと大学の教員になるまで17年

間名古屋フィルハーモニー交響楽団でトランペットを吹いていました。演奏だけに従事していれば良かったのですが、性格が大雑把で気が短く、演奏に集中できずオーケストラの運営に携わるようになり、その結果、様々な経験をさせていただきました。

　先ず、長年携わってきたオーケストラ楽団員時代のアートマネジメントに関わる主な取り組みを記します。

1）オーケストラには80名いればそれぞれ80通りの考えがあり、まとめることが非常に難しい。そこで、楽団を統一的に機能させるように組織化を実現した。具体的には全体的なことを視野に入れてもらうため楽員を事務局に送り込むなどを実行した。

2）聴衆の意見をできるだけ取り入れた運営を心がけ、アウトリーチ活動と言われる公演も数多く実施した。

3）企画にも参画し、指揮者、ソリストの起用と選曲に楽団員の声を反映させた。

4）就業に関する規定改定、演奏旅行規程の策定、海外旅行の実現、入団試験規程等の制定を行なった。

5）個人的演奏活動の展開としては、自らがマネジメントを実践することにも取り組む（ソロ演奏会やオルガンとのジョイントコンサート、金管アンサンブルを組んでの演奏会など）。

以上のように私自身はアートマネジメントの分野に音楽を通して関わってまいりましたが、2010年に開催される「あいちトリエンナーレ」は、現代美術の展示、音楽、舞踊そしてオペラの公演を予定していますが、企画を成功させるのには、実に多くのスタッフを必要とします。
　私の体験したことでいえば、昨年(2009年7月と8月)、韓国の音楽祭へ学生を引率して参加して参りました。ひとつは「大邱国際ミュージカルフェスティバル」、もうひとつは「済州島国際吹奏楽フェスティバル」(＊)です。
　「大邱国際ミュージカルフェスティバル」の内容については02「新時代のアートマネジメント」で述べましたので触れませんが、運営にあたっては、2000人の学生ボランティアが活躍し、フェスティバルの成功に大いに貢献したという印象を強く持ちました。また、8月12日から1週間滞在した「済州島国際吹奏楽フェスティバル」においても、学生ボランティアの活躍が目立ちました。国際フェスティバルのような大きなイベントの開催にあたっては、多くの組織化されたボランティアの存在が必要だ、ということを実感するとともに、それらのボランティアを統括する「アートマネージャー」の必要性を痛感いたしました。

＊「あいちトリエンナーレ 2010」/ 新たに愛知から文化芸術を世界に発信するため、2010 年（平成 22 年 8 月 21 日〜10 月 31 日）から、3 年ごとに定期開催する国際芸術祭。初回は、「都市の祝祭 Arts and Cities」というテーマのもと、現代美術作品の展示や舞台芸術の公演によって、世界の最先端の動向を紹介する。

＊「済州島国際吹奏楽フェスティバル」/ 韓国済州 (チェジュ) 島で、開催される国際的な吹奏楽フェスティバル。奇数年に「済州島国際吹奏楽フェスティバル」を開催し、世界中から有数のバンドが参加している。

05
第1部
アートマネジメント入門

1、 アートマネジメントとは

　芸術が社会的に成立するには4つの要素、「創造」「享受」「教育」「分配」があります。私は幸いにもこれら全ての要素を経験することができました。

　それらの経験を踏まえ、言えることは、このアートマネジメントという概念は社会の発展とともに進化し、人間の成長とともに広がり、深められていくのではないかということです。ですから、日本におけるアートマネジメント教育も、仕事の分野もやっと始まったばかりと考えてよいでしょう。

　そもそも、マネジメントという言葉は企業の経営という意味合いで捉えられていました。また、企業に限らず組織やグループの運営や事業を、計画的で継続的に進めるための考え方ともいえます。最近では、芸術の分野でもマネジメン

トが当たり前のこととして捉えられていますが、マネジメントの要素としては、大きく分けると、①使命（ミッション）② コミュニケーション③ 貢献意欲の３つがあり、アートマネジメントの分野においても、それらを推進することにより、目的を達成する能力の有効性と能率を拡大していくことができます。

(1) マネージャーの仕事とは

　　　特に定義はありませんが、経済学者ピーター・ドラッカーがマネジメントという概念を発明したと言われています。次に要点を記します。
… 「何をしなければならないか」と自問自答する。
… 「この企業・組織にとって正しいことは何か」と自問自答する。
… アクションプランをきちっと策定する。
… 意思決定に対して責任をまっとうする。
… コミュニケーションへの責任を持つ。
… 問題でなくチャンスに焦点をあてる。
… 会議を生産的に進行させる。
… 「私」でなく「我々」として発言する。

(2) アートマネージャーの職務

　　　アート分野のマネジメントの仕事とは、公演や展示の事業遂行のノウハウ、広報、マーケティング、あるいは資金獲得のスキルだけでなく、人事や経理という事務的職務など、あらゆる職務を使いこなしつつ、目的を達成していく仕事であり、全体的な経営戦略にも関わる職務です。

アートマネジメントの具体的な仕事の分野としては、マネジメントを必要とする芸術文化組織があげられます。具体的には①実演・文化団体（オペラ、オーケストラ、劇団、舞踊団等）。②文化施設（美術館、劇場、コンサートホール等）。③推進支援団体（鑑賞組織、国・地方自治体の助成財団、振興財団等）です。これらは、まさにアートマネージャーの働き場所と言えます。

(3) アートマネージャーを志望する人に

　　すべての職業に通じることですが、自分にその仕事に対して適正があるかどうか判断することが大事です。その判断基準を次に記します。
… アートが本当に好きか。
… アートのためならどんな苦労も厭わないか。
… アートマネージャーという仕事を通して、自分を磨き、充実感を味わうことができるか。
… 自分の生活の中心にアートがあるか。具体的に言えば、自分の部屋に音楽が流れ、好きなアート作品を飾っている。余暇にコンサートに行き、美術館巡りをすることなど。

　　その上で、アートマネージャーという職業は、かなり高度な能力も要求されます。たとえば世界的なアートプロジェクトの責任者などを任される場合もあるでしょう。そのような大きな目標設定をした場合、以下のことが要求されます。
… 語学力（英語・フランス語などを話せる能力）。
… プロジェクトのリーダーとしての統率力。

･･･ 芸術家とのコミュニケーション能力
（芸術と芸術家への理解）。
･･･ 常に社会や世界の動きにアンテナを張り、そこから企画を創出できる想像力。
･･･ その企画を実行する情熱と体力。
･･･ プロジェクトの予算を立て、獲得することのできるプロデューサーとしての能力。

　このように、実際のアートマネージャーの仕事をやるうえで要求される能力は多岐にわたります。しかしどのような仕事にも「人間としての総合的な力」が必要とされるのが、これからの時代です。この仕事の喜びや楽しさが分るようになればアートマネージャーという仕事の無限の可能性も理解できるようになると思います。

(4) アートマネジマントの始まりと意義
　アートは、社会の文化ニーズと関わり発展してきました。初期には、創造者（アーティスト）と享受者（劇や音楽会の観客、絵画を鑑賞する人、美術品を所有する人など）、が直接結びついていましたが、近代になり分配の役割を担うアートマネジメントの必要性が出てきました。
　1970年代米国において、社会が制度疲労を起こし、そのことがきっかけにもなってアートマネジメントの必要性が高まってきました。現在の日本でも2009年に政権交代が実現し、ある意味で現在までの社会体制を変えようという取り組みがされていますが、当時の米国では次の3つのシステムが問題とされました。①医療（高齢化など）。②教育（少子化・

大学進学率)。③芸術(財政補助)。まさに現在日本が直面していることと重なりますが、芸術の振興が、医療、教育などと並列に考えられていることが重要です。日本では、まだ芸術の振興がそれほど重要視されていません。芸術が人間にとって水や空気のように必要なのだという人々の共通認識が出来るようになればどんなに素晴らしいことかと考えます。

　一般的に日本でアートマネジメントといえば、芸術文化の使命を明らかにし、その有効性と能率を拡大し、それで芸術文化組織の発展と振興を図っていく仕事です。近代的な文化制度が社会のニーズを十分にくみ取ることができなくなり、芸術の側から意識的に社会へアプローチすることが始まり、新しい考え方としての「アートマネジメント」が社会的に要請される根拠となってきました。

(5) 芸術の庇護者 (パトロン)

　過去の古い歴史を振り返ってみると、身分制・社会階層の分化がみられる古代ギリシャ時代(BC2000-1200)には芸術を全面的に支援するパトロンが存在したと言われています。古代ローマ帝国(BC800-AD500)にはガイウス・マエケナス<G.Maecenas>という文化人としても著名な政治家がいました。また、ルネサンス以前は、芸術家は、宗教、民族娯楽、装飾、工芸などの社会的事象と結びついていました。

　ルネサンス期に入ると、メディチ家(Medici1389-1464)などは、学芸保護に膨大な私有財産を投入しました。メディチ家が擁護した芸術家にはボッティチェリ<主な作品・春、受胎告知、ビーナス誕生など>(ウフィッチー美術館)

などがおります。

　17世紀からは国家パトロンとしてのアカデミーが設立されました。アカデミーとは、広くは、高等教育機関や、科学・芸術などの専門教育機関、あるいは科学・芸術の専門家の団体としての学会、協会、研究所などを指して使われます。狭くは、科学・芸術などの諸分野の振興のために政府によって設立、庇護され、運営されている国家的機関をさすことがあります。

　18世紀以降パトロンが広い階層へ拡大し、中産階級（ブルジュワジー）の出現、労働者階級（プロレタリアート）によりさらに芸術は大衆化してきました。そのような中で美術館の誕生（大英博物館：1759年、ルーブル美術館：1793年など）がありました。
　19世紀産業革命以降、芸術家は市場の動向を意識し新しいパトロン（政府あるいは市民）へ依存するようになりました。そこには次の5つの形態がありました。

① お抱え制度：富裕階級が芸術家の生活を保障し、制作させる。
② 注文制度：パトロンが芸術家に作品を注文し、制作期間のみ擁護する。いわゆる肖像画などの制作等をする。
③ 市場制度：芸術家が作品を作り、それを気に入った客が購入する。
④ アカデミー制度：国家や権威ある芸術組織による擁護。
⑤ 財団補助制度：公的機関からの助成で作品制作をする。

近代になって民衆や国の文化制度など社会の文化ニーズに応える形で芸術家の活動領域も広がってきました。現在では、留学や公演、個展等への資金援助というものもあります。音楽では会社や財団が楽器（ストラディヴァリウス：ヴァイオリン）などを貸与する例もあります。

(6)　コーヒーハウスの出現と芸術の発展

　17世紀、ヨーロッパでは、コーヒーハウス（当時は女人禁制でした）の出現とともにジャーナリズムが発達し、自由な議論の場が出来ました。その後クラブへ移行します。このころに中流階級と上流階級の差別化が図られました。この当時の階級の差別化というものが、私は特にクラシック音楽やファインアートの分野で今でもその意識が根強く残っているように感じています。そのことが、現代の芸術分野の聴衆意識に反映され、コア層が広がらない原因となっているとも考えられます。

　1647年に、ベネツィアのサンマルコ広場に最初のコーヒーハウスができ、1652年には、ロンドンにコーヒーハウス第1号が開店しました。日本では、東京日本橋に1886年に喫茶店ができました。21世紀になって、当時と状況が違いますが、町中には多くのコーヒー店が出来ています。いわゆる公共的な都市空間の創出に果たす役割（交流の場）として評価できます。余談ですが、コーヒーと紅茶を比較すると、イギリスとフランスが生産地の獲得において、植民地政策による影響を受けたことが理解できます。

そのようなコーヒーハウス発展と歩調を合わせるように芸術娯楽の場として劇場が収容人数を拡大し、ジャーナリズムの誕生があり、美術市場のカタログにより、一般大衆も、競売商品の情報、サイズ、制作年、作者などを知ることが出来るようになりました。ギャラリー（Gallery: 回廊のこと、音楽ではホールの天井桟敷のこと）は、階層によって美術作品に対する趣味が違っていましたが、このころには平民階級では割安なタブロー形式（壁画に対しての板画）が普及し、芸術も一部の上流階級の専有物ではなくなってきました。

2. 公立文化施設のアートマネジメント

　日本の公立文化施設は、市民会館や文化会館としてコンサートや各種舞台芸術に対する劇場として変化してきました。文化施設の役割は、1つは鑑賞事業の場として、もう1つは地域の文化活動拠点としての役割です。

(1) 文化施設の変遷

　日本では、1945年以降から公会堂などの文化施設の建設が始まり、第二次世界大戦後の復興期をはさんで「集会目的の施設」が建設されました。1960年から2000年までの40年間で劇場・ホールが30倍、美術館で10倍の数に急増しています。1970年代になってホール建設が急増し(現在、ホールは2465館)。1980年代は、文化の時代として、管理運営組織に変化がおこり、設置理念に即した事業展開により会館の自主事業が行われるようになりました。1990年代は専用劇場の時代。2000年代以降、ホール建設の流れは中規模ホールの建設へ移っていきました。

(2) 博物館・美術館

　2002年には、日本全国の博物館総数は、5363館でした。博物館は「教育基本法→社会教育法→博物館法」という一連の法体系で社会教育施設として位置付けられています。

　しかし、劇場・ホールには法体系は存在しないため、施設の管理・運営について自治体の条例で定めることが望ましいとされています。一方、博物館は、法律で規定されてい

る（博物館法：1951年）70％が国・公立であるため、入館料で運営コストをカバーしていないという現状があります。

　日本の美術館は2002年当時1034館（類似施設を含む）です。美術館の事業は2つに分けられ、館所蔵作品による「常設展」、他の美術館から借り入れての「企画展」があります。
　歴史的に絵画が壁画や襖絵として描かれていた時代は、建築物に附属する装飾あるいは宗教的メディアと考えられていました。近代になると、自由に移動できるタブロー（板画）としての形式の普及で美術品として扱われるようになりました（個人が所蔵することにより資産価値も出てきました）。
　美術館では収集方針や展示企画が学芸員の主な仕事となります。最近では、パブリックアート（環境造形）作家を決定し、作品を選ぶことを誰に委ねるか、などが新たなアートマネジメントと言えるでしょう。

(3) 図書館・公民館

　日本の図書館は、3027館（2007年）となっていますが、博物館や美術館と並ぶ「社会教育施設」です。しかし、他の文化施設と異なり、出版物やコピー製品が中心で、対面サービスであり、現在はデジタル化が進んでいます。
　公民館は全国に18,257館あり、「市町村その他一定区域内の住民のために、実際生活に即する教育、学術および文化に関する各種の事業を行い、もって住民の教養の向上、健康の増進、情操の純化を図り、生活文化の振興、社会福祉の増進に寄与することを目的とする」とされています（社会教育法第30条）。

公民館は、目的達成のために、おおむね、次に掲げる事業を行います。

① 定期講座を開設すること。
② 討論会、講習会、講演会、実習会、展示会等を開催すること。
③ 図書、記録、模型、資料等を備え、その利用を図ること。
④ 大会、レクリエーション等に関する集会を開催すること。
⑤ 各種の団体、機関等の連絡を図ること。
⑥ その施設を住民の集会その他の公共的利用に供すること。
　　　　　　　　　　　　　（社会教育法第 22 条本文より）

　　最近ではより多くの人々に施設で交流を深めてもらうよう、公民館を「生涯学習センター」「交流館」などと言い換える設置者（市町村）もあります。

　　現在、この 10 年前後に建設された全国の公共ホールでは、鑑賞施設機能の他に生涯学習機能を併設し、公民館機能が設けられ各種講座や教室を運営しています。音楽スタジオや練習室は稼働率が 100％となっています。したがって、それぞれの文化施設の使用に曖昧さが出ているのが現状です。

　　劇場・ホールは、芸術文化を創造して公演を行うなどの観念がないことが問題としてあります。博物館には学芸員、図書館には司書、そして公民館には社会教育主事がいますが、劇場・ホールにはそのような人材は置かれていません。私は、劇場・ホールにアートマネジメント担当者が置かれるべきであると考えます。

3、アートマネジメントと文化政策

　文化政策とは、芸術・文化を対象とする公共政策であり、狭義には芸術政策、広義には文化人類学的意味での文化を対象とした政策のことを指します。広義の文化政策には、芸術政策のほかに、言語政策・宗教政策が含まれます。日本の現状は、「文化芸術振興基本法」が2001年に施行されましたが、特に目立った動きがありません。取りあえず法律の体系が出来上がったということです。

(1) 諸外国の文化政策
　諸外国の文化政策の2006年度比較では、フランスの予算と韓国の予算が高い比率を示しています（文化・芸術としてスポーツに予算を支出している例もあり、一概に比較は難しいところがある）。
　国予算に占める割合として、2006年当時、フランスは0.86％、韓国は0.93％、アメリカは0、03％と低いパーセントですが、01「実践アートマネジメントの理念」で取り上げた「パーセント・フォー・アーツ」や民間の芸術文化に対する寄付や補助システムなどで国家予算の不足を補っています。日本は0.13％です。日本でも国からの公的支出1％を文化・芸術に当てることを目指して活動している団体もありますが、まだ実現していません。

　文化芸術は、人間の自由な発想とその表現により、一人一人のかけがえのない個性を実現するとともに、感動や感銘の分かち合いを通じて人と人とをつなぎ、温もりのある地

域社会の形成に資するなど、真に心豊かな社会の根幹をなし、ひいては、世界平和の礎ともなるものです。ですから、この分野に予算が少ない国はけっして豊かな国とは言えないでしょう。「表1」をご覧になって、わが国の文化政策に疑問を感じられる方が多くなれば、国の文化政策も少しは変わるかもしれません。2009年、政権が交代しましたが、文化関係の予算が増額されたという話はまだ聞こえてきません。むしろ事業仕分けなどにより文化芸術関係の予算が削減され、各芸術関係者が抗議の声を上げているというのが実情です。

(2) 国・政府の関わり
　　日本の現状として、芸術文化と最も関わりが深いのは、文部科学省と文化庁ですが、経済産業省（メディアコンテンツ課、文化産業政策）、外務省：文化外交、総務省：放送政策（NHK）、宮内庁：伝統文化政策などもあります。それぞれの政策に係る法律として「文化芸術振興基本法」「文化財保護法」「著作権法」「文字・活字文化振興法」「宗教法人法」「アイヌ文化振興法」などがあります。

表1 / **諸外国の文化政策** 2006年度

国	予算額	1人あたり	比較/国予算に占める割合	備考
日	1,006億円	787円	0.13%	文化庁予算
仏	4,531億円	7,385円	0.86%	文化・コミュニケーション省
独	1,010億円	1,226円	0.25%	連邦政府首相府文化メディア
英	2,886億円	4,762円	0.24%	文化・メディア・スポーツ
米	982億円	326円	0.03%	米国芸術基金他
韓	1,782億円	3,674円	0.93%	文化観光部・文化財庁予算

文化庁資料より

＊2008年度の諸外国の国家予算に占める割合
アメリカ(0.03%)、イギリス(0.23%)、フランス(0.86%)、日本(0.12%)、韓国(0.79%)。

(3) 自治体の関わり

　　地方自治体の文化政策（地域文化の振興）は、2つの系譜があります。一つは 教育委員会で、行政規制を行う権限を持ち、一般行政機構から独立した合議制機関として文化政策に関わっています。所管は学校教育ですが、生涯学習、社会教育施設の図書館、公民館、博物館(美術館を含む)、文化財保護行政も担っています。

　　2つ目は首長部局で、分野横断的な政策推進（縦割り排除）が可能で、政治的不安定性があり、選挙対策のために政策が揺れやすい特徴があります。文化行政ブーム(1970年代後半) 教育委員会主導の文化行政への批判があり、大規模自治体を中心に首長部局へ移管進展した状況があります。実際のところ、どちらが良いのかわかりません。

　　今回の「あいちトリエンナーレ2010」は、神田知事の公約であり、知事部局の主導で行われる予定です。

4、 アートマネジメントと経済

　　芸術は経済と結びつかないとされてきましたが、何らかの補助が期待できない芸術は、娯楽の分野と同等に、市場から資金や収入を獲得しなければ運営が成立しません。
　　人間社会は、長年にわたって物質的な豊かさを求めてきました。しかし、20世紀後半以降、人々の求めるものに変化が表れ、経済学の関心も変化してきました。1つは環境問題に対する関心であり、もう1つは芸術・文化に関する関心だろうと考えています。そこで文化経済学の考えの重要性が見出されて来たのです。

(1) 芸術の需要と供給

　　需要曲線は所得水準と、財・サービスの価格であり、右下がりの曲線となります。何かを消費する時、一つめから得る満足より二つめ以降は満足が減少します。縦軸に価格(満足度)、横軸に個数を示しますと、関係のグラフは右下がりの需要曲線となります。
　　可処分所得(自由に使えるお金がどれだけあるか)は現在、高額価格商品が減って低額商品が増加の状況となっています(スーパーなどでのPB商品など)。供給には費用(固定費用と変動費用に分類)がかかります。芸術の特徴として、美術品は供給1が限界費用とされています(一定のキャパシティーまで、費用がかからないこと)。料金の設定として、需要と供給、女性の消費行動などが挙げられます。

需要の弾力性について、需要曲線は多くの有益な情報を与えてくれますが、特に重要なのは需要の弾力性です（条件が変化した時に需要がどれだけ変化するか）。条件は、所得水準、財・サービス価格です。

(2) マーケティング
　　顧客ニーズを的確につかんで製品計画を立て、最も有利な販売経路を選ぶとともに販売促進努力により、需要の増加と新たな市場開発を図る企業の諸活動です。また、企業が製品またはサービスを顧客に向けて流通させることに関係した一連の体系的市場志向活動のことです。売買そのものをさす販売よりもはるかに広い内容をもち、販売はマーケティングの一部を構成していると言えます。

(3) 財務と会計
　　この関係はどうあるべきかという議論がありますが、この分野では、「どんぶり勘定」（細かく収支を計算することなく、記帳も行わず、あるにまかせてお金を使うこと）という言葉があります。企画には必ず予算が明記されるべきであるが、往々にして予算の積算が甘い場合が多く見受けられます。

5、アートマネジメントの運営

(1) 行政による運営
　行政による文化施設の運営では、①専門家がいない。②短期間で担当者が異動する。③管理が中心であり、事業はできない。④施設が貸館中心となるなどの悩みがあります。

(2) 企業・民間による運営
　企業・民間による運営では、①第3セクター方式（国や地方公共団体と民間企業との共同出資で設立される事業体）。主として国や地方公共団体が行なう事業に、民間部門が資金、経営力を導入すること。② NPOが関与する方法などがあります。

　営利組織の株式会社は、利益主導型の組織であり、NPO（非営利組織）は利益追求型ではなく、社会問題の解決をその任務（ミッション）に持ち、利益を確保することは手段であり、社会貢献を目的とする組織です。
　非営利の法人格としては、公益（社団、財団法人）、一般（社団、財団法人）、特定非営利活動法人（NPO法人）、社会福祉法人、更生保護法人、学校法人、宗教法人、協同組合（農協、漁協、森林組合、中小企業組合、消費生活協同組合）、医療法人（税制上は普通法人）などがあります。
　NPOの語が混同されていますが、広義には、上記の非営利組織が全て含まれますが、狭義には特定非営利活動法人のみを指すこととされています。

非営利芸術組織内のマネジメントの活動には次の 4 項目があります。
① 財務（ファイナンス）と会計（アカウンティング）。
② マーケティングとは、企業及び他の組織がグローバルな視野に立ち、顧客との相互理解を得ながら、公正な競争を通じて行なう市場創造のための総合活動です（「㈳日本マーケティング協会」の 1990 年の定義より）。
③ ファンドレイジング（Fund Raising）は、資金調達あるいは助成収入獲得のことです。内容は財政だけにとどまらず、人的資源（ボランティア派遣）、スペースの確保、ノウハウの提供といったものもあります。
④ プロダクションの仕事は、アーティストの管理、マネジメントなどがあります。

(3) 新しい運営形態・指定管理者制度

　　指定管理者制度は、当初は、公立文化施設等の「公の施設」を管理委託できる団体を、①公共団体、②公共的団体、③地方公共団体が 2 分の 1 以上出資する法人の、3 つに限定していましたが、2003 年に法律が改訂され、民間事業者も対象とした「指定管理者」の指定ができることとなり、議会の議決、条例の制定が必要となりました。これにより、管理者の範囲の拡大、期間の設定、議会の役割の拡大、経済的効果を含む効率性への期待があげられます。

　　指定管理者制度は、2003 年より施行され、地方公共団体や外郭団体に限定していた公の施設の管理・運営を、株式会社、営利企業、財団法人、NPO 法人・市民グループなどに包括的に代行させることができるようになりました。

行政処分(行政機関が法規に基づき権利を与えたり、義務を負わせること)があり、ただの委託でない制度であると言えます。

05
第2部
会館・ホールスタッフの実務

第2部のはじめに

　　第2部は、会館・ホールに関わるスタッフの役割と実務について述べます。ハードである会館・ホールは、何らかの事業を行い運営することで、その存在が社会的に認められます。事業の展開には公演主体である実演家がいますが、それ以外に多くのスタッフが活躍することで公演が成功するといってよいでしょう。

　　スタッフが活躍する会館・ホールは、建築経過年数、地域の文化環境そして、管理・運営予算と関わる人材により、実に様々な動きがされています。まさに会館ホールによって顔が異なりますが、スタッフは、基本的に作業内容や動作を押さえ、活動する現場にあった対応が必要となります。具体的に要点を述べると、①、フロントは、公演当日に集中して

様々な業務を行うセクションです。②、広報は、文化施設である会館・ホールは、情報発信機能を持つことが必要であり、会館では独自の情報誌を発行している場合がありますので、そのようなことに関わりを持ちつつ広報作業を行う。③、舞台・技術。この分野は、実際に会館・ホールを運営するために必要な専門家を常駐させていますが、補助的に舞台技術者の指示にしたがって作業を行う部門です。つぎにそれぞれの役割について記します。

05

第2部
会館・ホールスタッフの実務

1、 フロントスタッフ

(1) フロントスタッフとは
　　会館・ホールに一歩足を踏み入れてから退館するまで、観客の立場に立って案内やサービスをする役割を担う人のことを言います。本来、公演と観客がいて事業が成り立ちますが、フロントスタッフはその全体の成功・不成功に大きく関わる存在です。

(2) フロントスタッフの役割
　　何よりも観客の鑑賞目的が達成されるようサポートを行います。入退館の案内、途中入場、客席案内そして予測外の出来事への迅速で的確な対応が必要とされます。

役割として主に次の３つに分けられます。
① チケットもぎり、客席案内、客席扉の開閉、途中入場者の案内。
② 聴衆が舞台公演に集中できる空間をつくる。
③ 聴衆が開場時から終演時まで心地よくすごせる接客。フロントスタッフに求められるものとして、好感を持たれる第一印象への対応、コミュニケーションの能力の保持、姿勢・動作への配慮などです。

接客対応マナーは、以下のことに留意してください。
a、ホールの代表（イメージメーカー）という意識を持って対応する。
b、対応の基本には、**５つのＳ**があります。

… Ｓmile：笑顔
… Ｓpeed：迅速
… Ｓincerity：親切
… Ｓtudy：勉強・配慮
… Ｓmart：気が利く

④ 具体的行動のポイントとしては以下のようなことを心がけるとよいでしょう。
… 第一印象の大切さ、出会いの瞬間を大切に。第一印象は６秒で決まる。服装、身だしなみは無言の紹介状で信頼感を与えます（清潔感、控えめ、上品さに注意が必要です）。
… コミュニケーションの第一歩は挨拶とお辞儀です。

あ：明るく、相手と視線をあわせて
い：いつでも、いきいきと
さ：先に、さわやかに
つ：続けて

… お辞儀は感謝を込めて行ないましょう（会釈15°、普通30°、最敬礼45°、皇室90°）。
… 表情として、笑顔は人柄を表す柔らかな表情、顎の角度と目線が大事です（下目は軽視、上目は疑惑を表します）。
… 空間の管理（後方：恐怖空間、正面：交渉する理性空間、斜め横：情の空間とされています）
… 姿勢、動作面での注意点として、相手と視線をあわせて話す向きを変えるときは目や首だけ動かさず身体ごと動かします。
… 好感を持たれる話し方としては、明るくはきはきと、明瞭な発音、話し言葉で、会話は優しく丁寧に。
… クッション言葉（相手への心遣いを表すソフトな表現が望まれます）を大事に。
… 命令文は依頼文に変えましょう。否定文は肯定文にして、わかりやすくセンテンスを短くし、全体像から先に話します。
… 敬語の使い方としては、尊敬語（敬意）、謙譲（へりくだる）、丁寧語（丁寧表現）があります。

⑤ 接客態度は、以下の点に留意しましょう。
… 立ち姿（足、手、全身）。
… おじぎ（言葉と同時の同時礼。言葉を発した後から礼の分

離礼は、相手に丁寧な印象を与えます）。
… 座り方（場内監視の際）浅く腰掛け、背筋を伸ばす、両膝を揃え、手をひざ上に置きます。
… 歩き方は、上半身を動かさないで腰から前に、身体中央に移動線が一本になるようにします。
… 案内の仕方は、視線と手（手のひら）をそろえて方向を指し示すようにします。
… 物の渡し方は、正対し言葉を添え、相手の胸の高さに差し出すようにします。

　大事なことは、サービス業務であることを自覚することです。サービス（Service）とは売り買いした後に物が残らず、効用や満足を提供する「形のない財」です。サービスの特徴としては、「無形性」、「同時性」、「異質性」、「消滅性」などがありますが、人間性が一番大事です。
　「無形性」とは、物と違いあらかじめ見たり触ったり出来ないことをいいます。「同時性」とは、生産と消費が同時に起きることをいい、「異質性」は品質を標準化することが難しいことです。「消滅性」は、前もって作り置き保管が出来ないことを意味しています。

2、広報スタッフ

(1) 広報スタッフの仕事
　　会館・ホールが行う事業の広報活動や会館・ホールが独自に出版する情報誌の記事収集及び編集作業、発行作業です。

(2) 広報戦略
　　広報媒体、取組みスケジュール、どのような媒体に働きかけるのかなどを考えます。アンケート調査も重要ですが、現状把握能力が広報の目標ライン設定に役立ちます。

(3) 実際の広報
… 企画決定と同時に広報計画を策定する。良い企画なしに良い広報は出来ません。
… チラシ配布先、時期、分量をどのようにするか企画会議をします。
… マスコミ関係への広報段階についての話し合いも必要です。
… 記者会見、懇談会、記者に案内状を郵送するかなど打ち合わせをする。
… テレビやラジオの番組出演にどのようにアプローチするのか考えます。
… ホール情報誌で取り上げられるようにするにはどのようにするかなど作戦を練ります。
… 広告を出すか否か、いつ、どこへ出すか考えます。
… 途切れない広報が必要です。

3、舞台・技術スタッフ

(1) 舞台機構

舞台構造は、大きくは床機構と吊り物の 2 つに分けられます。

a、床機構

迫りやスライディングステージ、回り舞台など舞台床の一部を動かして場面転換に使用されるものです。劇場・ホールによって仕様が異なることにより、複数会場での公演が難しく、また稽古場で動きを表現することも難しく、練習段階からホール使用が可能な場合以外は使用が多くない。本来の目的と異なる仕込み作業の動力として使用されることもあります。

b、吊り物

吊り物には、大道具類や背景を吊るして昇降させることで場面転換を行う美術バトン、照明器具を吊る照明バトン、各種幕類、スクリーンや吊り込み型の音響反射板があります。手動と動力付があり、手動のものは「網元」と呼ぶ機構で操作され、カウンターウエイトと呼ばれる錘の着脱によって吊り上げたもののバランスをとり、綱を上下させて操作します。動力付のものは電動式で舞台操作盤のスイッチによって操作を行ないます。

　　床機構も吊り物も、操作を誤ると人身事故につながり、危険を伴う分野ですので十分注意することが求められます。大道具の建て込みの際に共通して使われる用品を、次に紹介

します。
… 平台：舞台の一部を高くするため使用。
… 箱馬や足：高さを調節する。
… 地かすり：舞台床にひく無地と絵柄を描く特殊なものまである。
… 人形立て：平面的な大道具を自立させるための支え。
… 所作台：主に能・歌舞伎・日舞などで使用する足拍子が良く鳴るよう舞台に敷くもの。
… 金屏風：紙全体に金箔をおいた屏風。
… もうせん：羊の毛などを薄く板状に繰り返し押し固めて作られた幅広の厚手の敷物。
… 演台：講演や演説をする人の前に置く机。

(2) 舞台音響

舞台音響の役割は、再生、拡声、録音の３つに分けられます。

a、再生は、あらかじめ録音された音を再生することにより演出を行うことです。音楽や必要な効果音を録音した CD、テープ、MD 等を素材として使用。舞台周辺や客席に置かれたスピーカーの音量やタイミングを調整します。

b、拡声は、舞台上の音声をマイクで収録し、その音量を増幅してホール内に流すことです。方法としては①出演者や演奏家ごとにマイク使用、②舞台全体の音声を拡声、③両者を組み合わせるケースがあります。

c、録音は、実演を記録として録音することです。

劇場・ホールでは音響操作室が備えてありますが、客席に音響操作卓を仮設する例もあります（客席と同じ音を聴きながら音響操作を行うため）。音響機材や操作卓は公演団体が持ち込むことが多くなっているようです。また、機材のデジタル化が進み、より細かな調整が可能となっています。

(3)　舞台照明

　　舞台照明は、複数の照明機材を使用して、舞台上の空間的、時間的演出を行う分野です。基本的には３つの作業に分けられます。

a、器具のセッティング
照射される光の明るさや鋭さの異なる照明器具から出る光の方向、角度を色の設定し、舞台や客席の周囲に配置し、決められた配線を行うことです。

b、負荷選択
セッティングを行った器具の光量を、手元の調光操作卓で操作できるよう負荷回路と調光操作卓の回路を組み合わせる作業です。

c、調光操作
舞台進行にあわせて調光操作卓の操作によって、場面ごとに順次舞台の照明を変化させていくことです。最近では、調光操作卓に操作の手順を記憶させることで、同様な舞台照明の状況を簡単に再現することが可能となっています。

その他、基本的システム作業以外に様々な器具が使用されるようになりました。たとえば、次のようなものです。
… 客席後方に置かれ舞台の動きにあわせて操作する器具（フォロースポットライト）。
… 照射する形を設定できる器具、様々な模様を投影し動かすことのできる器具などです。

4、　スタッフ全体の留意点

　　フロント・広報・舞台・技術スタッフの仕事の留意点をまとめて述べるならば、ハードが対象の場合はマニュアルが功を奏します。しかし、対象が人間となる場合はマニュアルに頼ることは問題があるということです。

a、フロントスタッフは、基本を押さえた上で、その場に応じた対応を行うことが求められます。基本的には入場者には、自らの言葉で語り丁寧に対応することが大事です。
b、広報スタッフはホールと公演のイメージを膨らませ、情報発信をする。
c、技術スタッフは、デジタル時代ですが、アナログの原点に戻り、舞台の安全管理に徹することが重要です。

　　スタッフ全体としては、①各分野の実演を一度は鑑賞する機会を持つようにする。②各分野の特徴を理解し運営に参加する機会を得るようにする。③芸術全般に興味を持つよ

うにすることを心がける。④全体を俯瞰出来るような教養と幅のある視野を培う。⑤判断力と交渉能力を養い、芸術活動の評価を客観的に出来るようにする、などが大切な留意点です。

05
第3部
実践アートマネジメント入門資料

1、 地域公共ホールと自治体予算

　　地域公共ホールでは、予算確保をどのようにするのかが一番頭を悩ます問題です。地方財政の慢性的な困窮状況から魅力的な公演の実現が難しくなっている現状では、自治体トップ、所管部署、議会へのアプローチ、そして住民への働きかけがとても重要となっています。特に自主事業費の確保が重要です。国の自立した団体と見なされる普通交付税不交付団体は、平成19年度186団体で愛知県は全体の21%で39市町村となっています。各施設における2000年度平均自主事業費は、都道府県施設で6,600万円、政令市施設で4,000万円、市町村施設で1,760万円です。市町村の一般会計の0.5%の文化振興費が先進的自治体レベルとすれば、

表2 / 「地域の文化施設に関する調査 2000年度実績」

	都道府県施設	政令市施設	市町村施設	総計/合計（平均）
平均自主事業費（千円）	66,675	40,134	17,660	22,665
平均自主事業回数（件）	14.3	13.3	9.4	10.1

㈶「地域創造」資料より

せめて 0.3％が確保できればと私は考えています。

　文化・芸術を取巻く環境が大きく変化し、自治体予算のさらなる削減が検討されているなかで、平成 20 年度は全国 1,781 市町村中 177 市町村が普通交付税不交付団体となる中で、愛知県では、実に 20.9％にあたる 37 市町村が不交付団体となっています。このことは、全国的に見て比較的財政力に余裕があり、施設の運営が他自治体より恵まれた環境にあると、私は認識しています。しかし、市町村の文化振興費が、先進的自治体レベルとされる一般会計の 0.5％を支出しているところは極めて少ないため、先程も述べましたが、最低でも 0.3％の予算化が必要と考えています。

　整理してみますと、愛知県の地域公共ホールに関わる問題は、次のようになります。

（1）建物の老朽化への適切な対応〔1,000 席以上のホール 38 館の 61％、23 館が建設 25 年以上経過の施設〕
（2）施設管理・運営に関わる人材の確保
（3）事業に係る予算の確保
（4）地域創造のための人材発掘と活用、が挙げられます。

　これらは、全国各地の地域公共ホールにとっても共通の問題です。現在、愛知県内で最も輝きのある活発な運営を実施しているホールは、約 9 館あり、それらは人口 10 万人以下で運営が直営であり、建設されてから 10 年前後で中小規模の複数ホールを持つ施設です。事業予算規模に幅がありますが、いずれにしてもそのようななかで職員の努力による運営が効果を上げています。

2、 愛知県の地域公共ホール

　地域公共ホールを検証する上で、全国の施設を対象とする大きな視点が重要ですが、ここでは愛知県内の公立ホールの分析を行い、地域公共ホールのあるべき姿を考えることにします。

　現在、愛知県には109館の劇場・ホールがあり、その内93館が公共ホールです。県内には席数1,000席以上の劇場・ホールが38館あり、その内自治体直営施設は7館です。すでに名古屋市内にある2館（厚生年金、勤労会館）の廃館方針について、利用関係者による存続運動が行われたことは記憶に新しいことです。

　そして、建設後25年を経ている施設が38館の内23館（61%）あり、最高は43年経っています。一部の施設でリニューアルを行っていますが、いわゆるハード部分の改修であり、管理・運営形態まで踏み込んで、地域の文化ニーズに配慮したリニューアルを行ったという事例は情報として聞こえてきません。ここでもハード重視の文化行政の仕組みが踏襲されていることを問題として指摘します。

　社団法人全国公立文化施設協会（＊）の2006年度の資料によれば、愛知県内の93公共施設の中で、直営方式による運営が38%、指定管理者制度導入施設が60%、その他が2%となっています。近隣の岐阜県、三重県の文化施設における直営方式が70%台である事からすれば、都市部において直営から民間への流れが加速していると言えます。いわゆる管理・運営について、直営、指定管理者制度それぞれにメリット、デメリットがあり、一概に論ずることができませ

んが、文化芸術に経済的効率性を求める動きは無視できません。今後、指定管理者制度による管理運営の実証研究が進むことにより明らかになってくると思われます。

....

＊社団法人全国公立文化施設協会 / 従前の任意団体「全国公立文化施設協議会」を母体として、平成7年6月に文部大臣の認可を得て発足。「全国の国公立文化施設の連絡提携のもとに地域文化の振興を図り、国の文化芸術の発展に寄与する」ことを目的とした公益法人。

表3 / 愛知県内の公立文化施設

分類	人口規模 文化事業実態	市町村名 （ ）内・人口 / 単位万
A	人口40万人以上、 複数文化施設設置	名古屋市 (224) 豊田市 (42)
B	人口30万人前後、 施設の老朽化	一宮市 (38)、豊橋市 (38) 岡崎市 (37)、春日井市 (30)
C	人口10万人前後、 施設の老朽化	小牧市 (15)、蒲郡市 (8) 江南市 (4,4)、新城市 (5,1) 常滑市 (5,4)
D	人口10万人前後、 建設10年前後施設	稲沢市 (14)、犬山市 (7,4)
E	人口5万人前後、 建設10年前後の施設	長久手町 (5,0)、武豊町 (4,2) 幸田町 (3,7)、大府市 (8,3) 扶桑町 (3,3)、碧南市 (7,3) 知立市 (7,0)
F	公民館施設が中心	甚目寺町 (4,0)、七宝町 (2,3) 東郷町 (4,0)

(社)「全国公立文化施設協会」資料より

3、 愛知県で元気な劇場・ホールとは

　　愛知県で元気な劇場・ホールを記しましたが、判断基準は、自治体の財政と位置付け、ホール建設の経過、地域住民の支援などです。(2009年現在)

豊田市コンサートホール
1998年（築11年）市教委：（指）豊田市文化振興財団

碧南エメラルドホール
1993年（築16年）市教委直営

春日井フォーラム
1966年（築43年）市長部局：（指）市民文化財団

幸田町民会館
1996年（築13年）町教委：幸田町文化振興協会

知立文化会館パティオ知鯉鮒
2000年（築8年）市教委：（指）芸術創造協会

武豊町民会館
2004年（築5年）町直営

稲沢市民会館管理協会
1995年（築14年）市教委：（指）公共施設

扶桑文化会館
1995年（築14年）町教委直営

長久手文化の家
1998年（築11年）町長：直営から最近市教委

4、 指定管理者制度と職員体制

　　2006年の公立文化施設協会の資料によれば、前述したように愛知県内93館の中で直営方式による運営が38%、指定管理者制度導入による運営が60%、その他2%となっています。近隣の岐阜県や三重県の公立文化施設の直営方式が約70%であることからすれば、都市部において民間管理方式の導入が進んでいます。私は運営方式について、基本的にはどのような管理・運営体制であっても、実質的に社会に評価される施設運営が実行されていれば良いという考え方です。
　　ただし、直営以外の運営形態で極端に経済的効率を目的とした運営には反対の立場です。これは結局、事業を行わない「貸館」主体の施設管理だけになるおそれがあるからです。また、施設の運営組織について運営にあたる平均職員数（常勤）は、市で9.7人、町村で6.2人となっています。

　　それぞれの施設は規模や機能が異なり、何よりも事業の種類と稼働状況により適正な職員が配置されてしかるべきだと思いますが、実情は、事業展開の必要人員より施設管理に対する人員配置が優先され、現場では特に事業を担う人員不足があると感じています。

　　現在、ホールの付帯設備に関わる舞台技術職員は派遣、あるいは期限付き嘱託職員による任用が一般的です。職員配置は、管理重視から事業運営も含めた会館運営を視野に入れる必要があり、予算ありきではなく、事業実施規模に応じ地域公共ホールの適正人員を見直すことが極めて重要です。

5. 武豊町民会館「ゆめたろうプラザ」とNPO法人との協働運営体制

　　公立文化施設を管理する時代から運営する時代になったと言われますが、まだまだ多くの問題を抱えています。改めて、それらの問題解決の鍵を握る方策に触れておきます。

　　武豊町民会館「ゆめたろうプラザ」（＊）の取組みを紹介します。武豊町は人口42,000人で、財政力は2007年度一般会計予算が119億円、財政力指数が全国市町村の55位に位置しています。会館は2008年度、建設から5年目を迎え、自主事業は、7分野のジャンルで有料鑑賞事業10本、低料金若しくは無料賞事業14本、体験・研修事業8本の合計32本を行ないました。特徴としては会館の建設計画段階から、地域住民が運営への参画を積極的に行い、開館後住民組織が「NPO武豊文化創造協会」（NPOたけとよ）を設立し、運営を担っていることです。

　　2007年度は、館長を除く会館職員（教育委員会から出向）が6名、内2名は期限付き採用の舞台技術職員です。会館事務室にはNPOから職員が3名、パートタイム職員が4名配置されています。これは、職員人件費を除く一般管理費の65％をNPOに委託していることとなります。文化振興事業費についても35％を委託しています。年間会館運営予算2億円の15％弱をNPOに委託し、運営委員会並びに企画委員会への出席を可能とし運営の一翼を担っていて、このようなNPOとの協働運営体制を実施している会館は全国的にも例がないのではないかと思います。

私は地域の公共ホールが抱える様々な問題解決には、地域住民と幅広い接点を持つ NPO 法人との協働が、問題改善の突破口となると確信を持っています。地域公共ホールが、積極的に NPO 法人の設立に関与することで、運営の活性化が実現できると考えています。

　現在、本館は「NPO 武豊文化創造協会」と「あいち協働ルールブック」（＊）の意義と原則を確認し、地域公共ホールの理想に向かって互いに努力をしているところです。なお、このことの評価は、今後「公立文化会館の評価に関する取組み」を行う中で検証することとします。

....

＊あいち協働ルールブック /「あいち協働ルールブック 2004 〜 NP0 と行政の協働促進に向けて〜 (愛知県発行)」
＊武豊町民会館（ゆめたろうプラザ）／ サイトアドレス　http://www.town.taketoyo.lg.jp/kaikan/

写真提供：NPO たけとよ

あとがき

　武豊町民会館（ゆめたろうプラザ）の館長就任は3年任期の約束で引き受けた。1年目は前年度の事業計画の遂行と翌年の事業計画の策定、2年目は同様の業務に加え2年毎に開催する「武豊春の音楽祭」の運営と会館運営の可能性についての検討、3年目は地域公共ホールとして特色ある運営を心がけた。

　館長便りを毎月執筆することができ、会館の機関誌「ゆめプラだより」への執筆もあり、最後の1年間は地域の経済誌である「中部経済界」に、ゆめたろうプラザ事業の紹介を執筆するなど、大変貴重な経験をさせていただいた。

　演奏家、教育者、そして研究者としてアートマネジメントの現場での経験が、何ものにも代え難い実践の場として多くのことを学ぶことができた。

　当初は、気軽に趣くままに館長便りを執筆しホームページに載せていたが、ここまで続けられるとは考えていなかった。そして、大学でアートマネジメントを教えるにあたって、実践を踏まえての授業を展開することができ、武豊町そして会館に関わる皆さんには大変感謝している。

　内容的には、文化ホールに関わる人やこれから関わりたいと願っている方に読んでもらいたい。またアートネジメントに少しでも関心のある人、実際に芸術運営に関わる人たちにも利用していただければ、著者として大変嬉しく思う。

演奏家としては、ライブ演奏が主体であり録音物が制作されることとは違い、活字による本が刊行されることには特別の感慨がある。

　本書が「ゆめたろうプラザ」の多くの方々に支えられて出版できたことは言うまでもないが、ゆめたろうプラザ歴代の事務局長、並びに職員や「NPOたけとよ」の皆さんにこの場を借りて謝意を表したい。

　そして、今回の出版にあたってご尽力下さったレイライン代表取締役の東郷禮子氏、同じく取締役の津田みや子氏にお礼を申し上げたい。

2010年3月　竹本義明

参考文献

『芸術経営学を学ぶ人のために』
佐々木晃彦編　世界思想社 / 1997 年

『文化経済学の可能性』
池上　惇編　芸団協出版部 / 1996 年

『進化するアートマネージメント』
林容子著　レイライン / 2008 年（5 刷）

『芸術創造拠点と自治体文化政策』
松本茂章著　水曜社 / 2006 年

『アーティストのための音楽ビジネス成功の条件』
ドナルド・S・パスマン著浅尾敦則・永岡まり子訳
内藤篤監訳・リットーミュージック刊 / 1992 年

『芸術と経営』
小林進著　雄山社 / 2004 年

『アーツ・マネジメント概論』
伊藤裕夫、片山泰輔、小林真理、中川幾郎、山崎稔恵著
水曜社 / 2004 年

『アーツ・マネジメント』
清水裕之、菊池誠、加藤種男、塩谷陽子著
日本放送出版協会 / 2007 年

『非営利組織の成果重視マネジメント』
P・F・ドラッカー / G・J・スターン編著　田中弥生監訳
ダイヤモンド社 / 2007 年

『コンサートの文化史』
ヴァルター・ザルメン著　上尾信也・網野公一訳
柏書房 / 1997 年

『指定管理者制度ー文化的公共性を支えるのは誰かー』
小林真理編著 時事通信社 / 2006 年

『芸術の売り方』
ジョアン・シェフ・バーンスタイン著
山本章子訳 英治出版 / 2007 年

「ゆめたろうプラザ」
ウェブ掲載「館長たより」1 号～ 36 号・その他

写真提供：NPO たけとよ

竹本　義明（たけもと　よしあき）

1949 年北海道函館市に生まれる。現、名古屋芸術大学教授、生涯学習センター長。武豊町民会館館長。1972 年に武蔵野音楽大学卒業後、名古屋フィルハーモニー交響楽団入団。1989 年から名古屋芸術大学に勤務。大学からの海外派遣研究員として、英国王立音楽大学で古楽器を M・レアード教授に学ぶ。研究歴として、名古屋芸術大学研究紀要「運弓の管楽器奏法への応用」、「金管アンサンブル演奏の問題点と改善」音楽之友社「ナチュラル・トランペットとコルネット教本」、日本音楽芸術マネジメント学会「日本音楽芸術マネジメント学会設立の意義〜音楽大学の役割〜 2009」等がある。

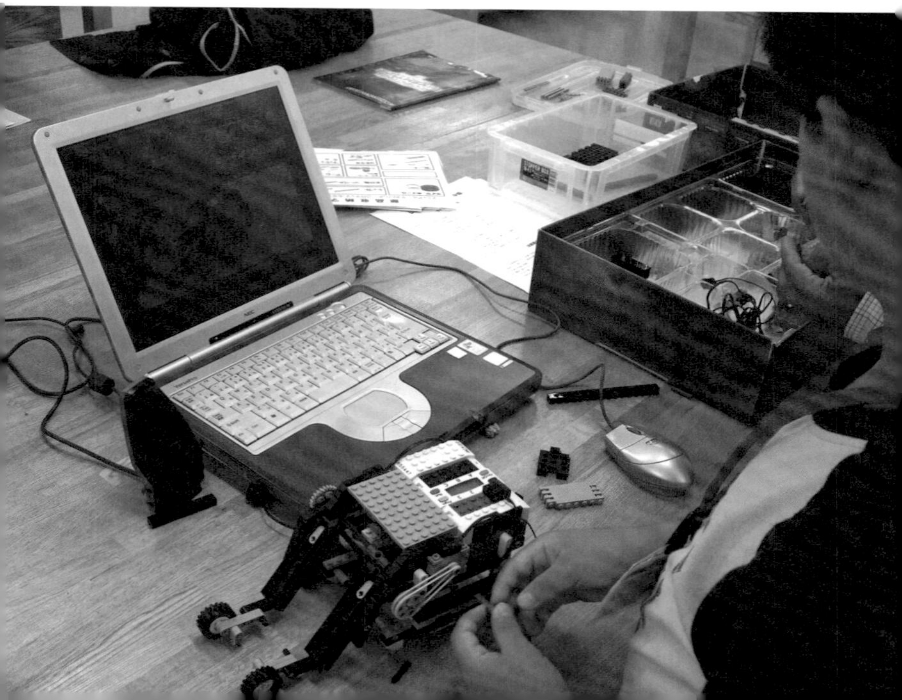

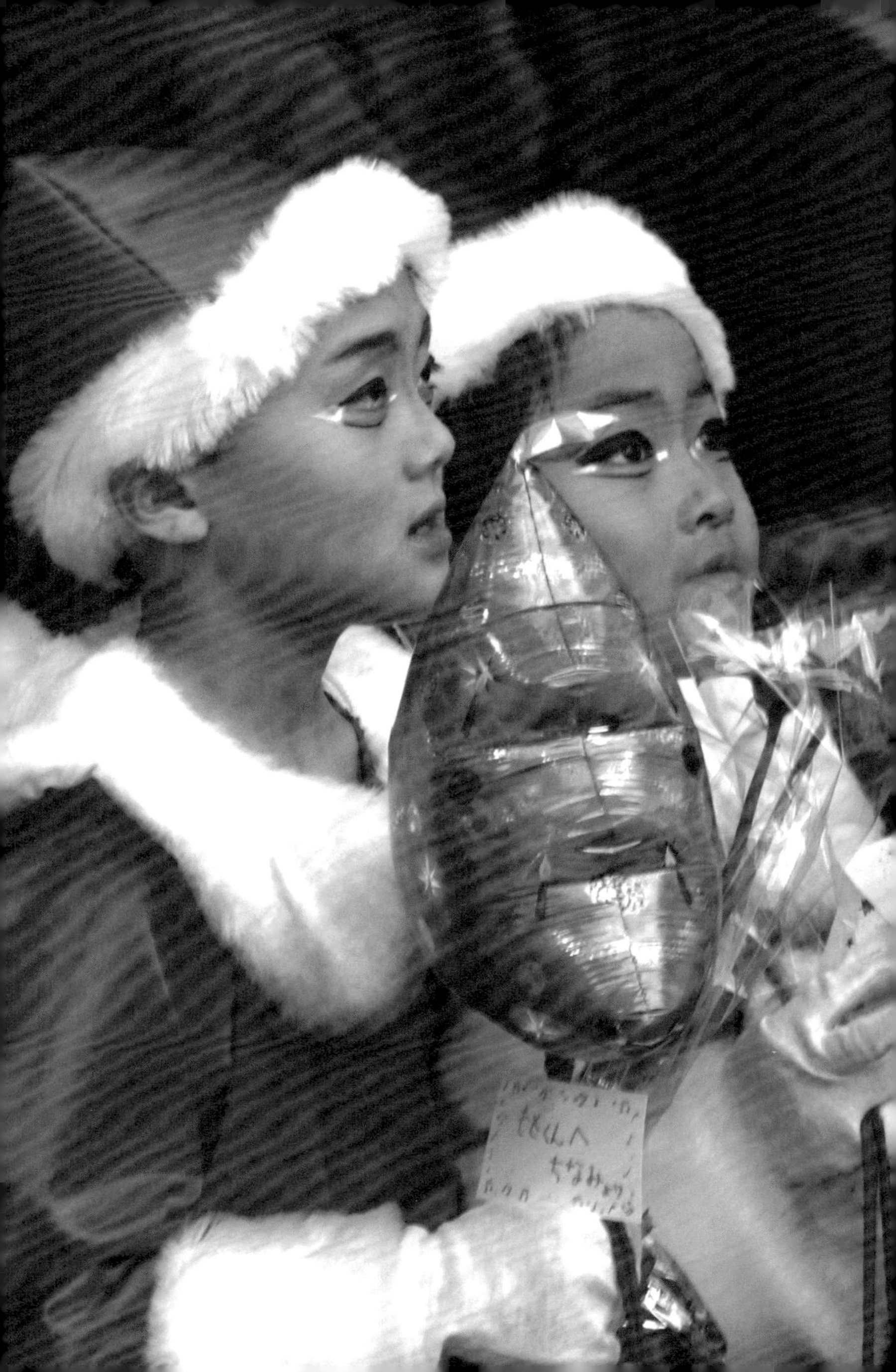
ともくんへ

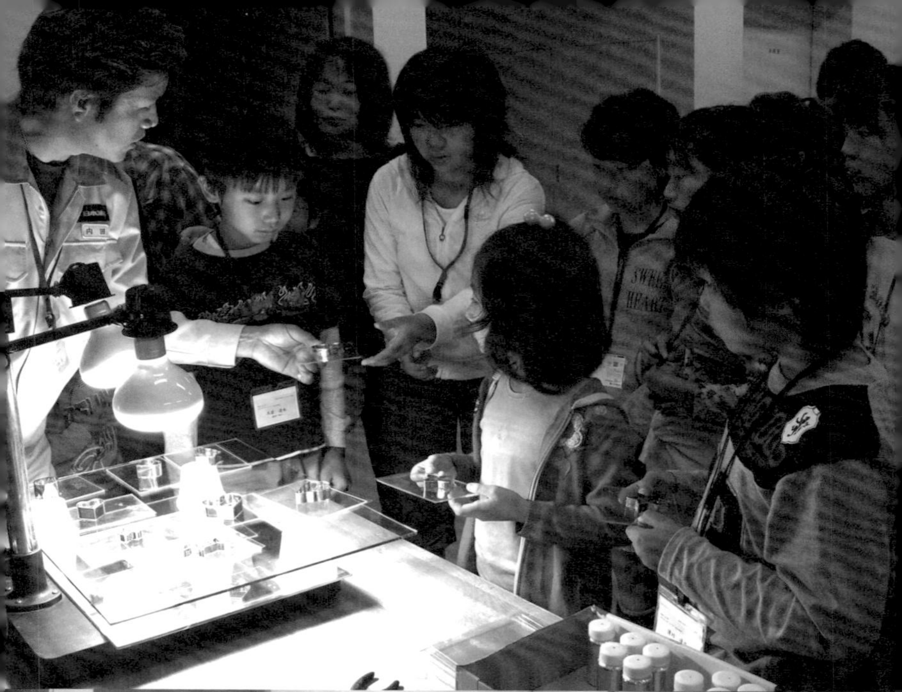

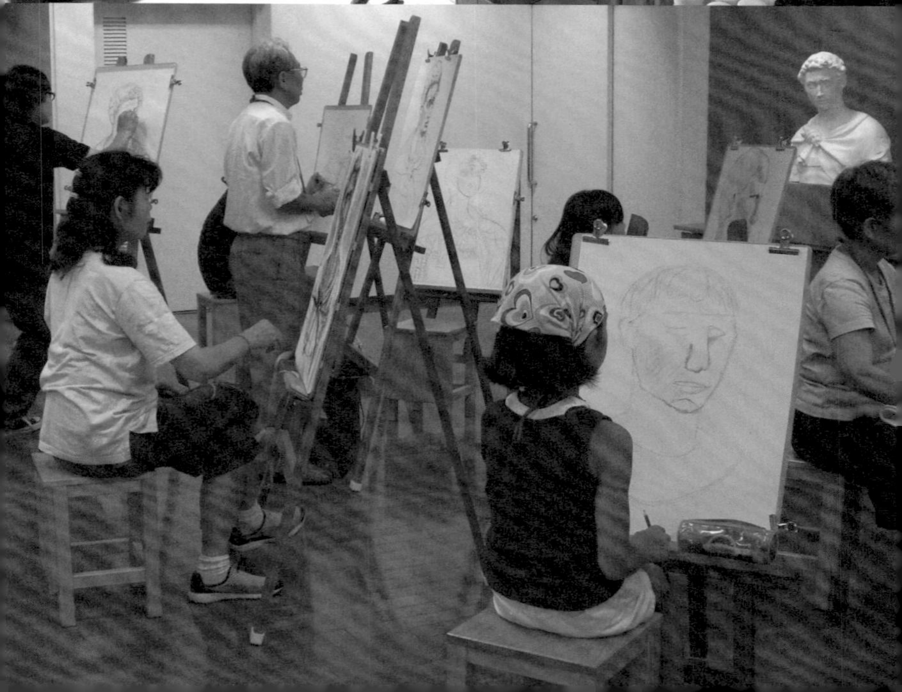

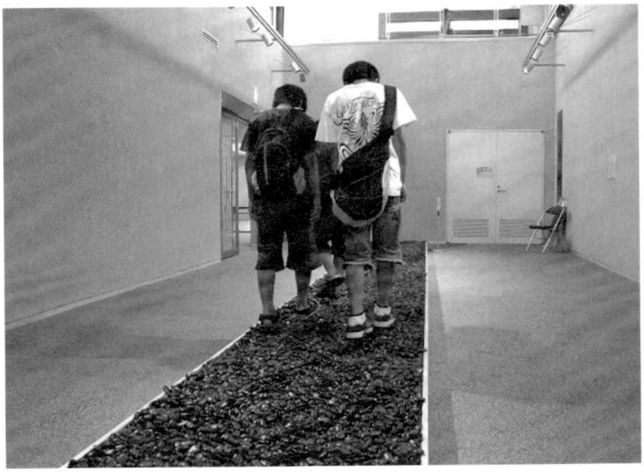

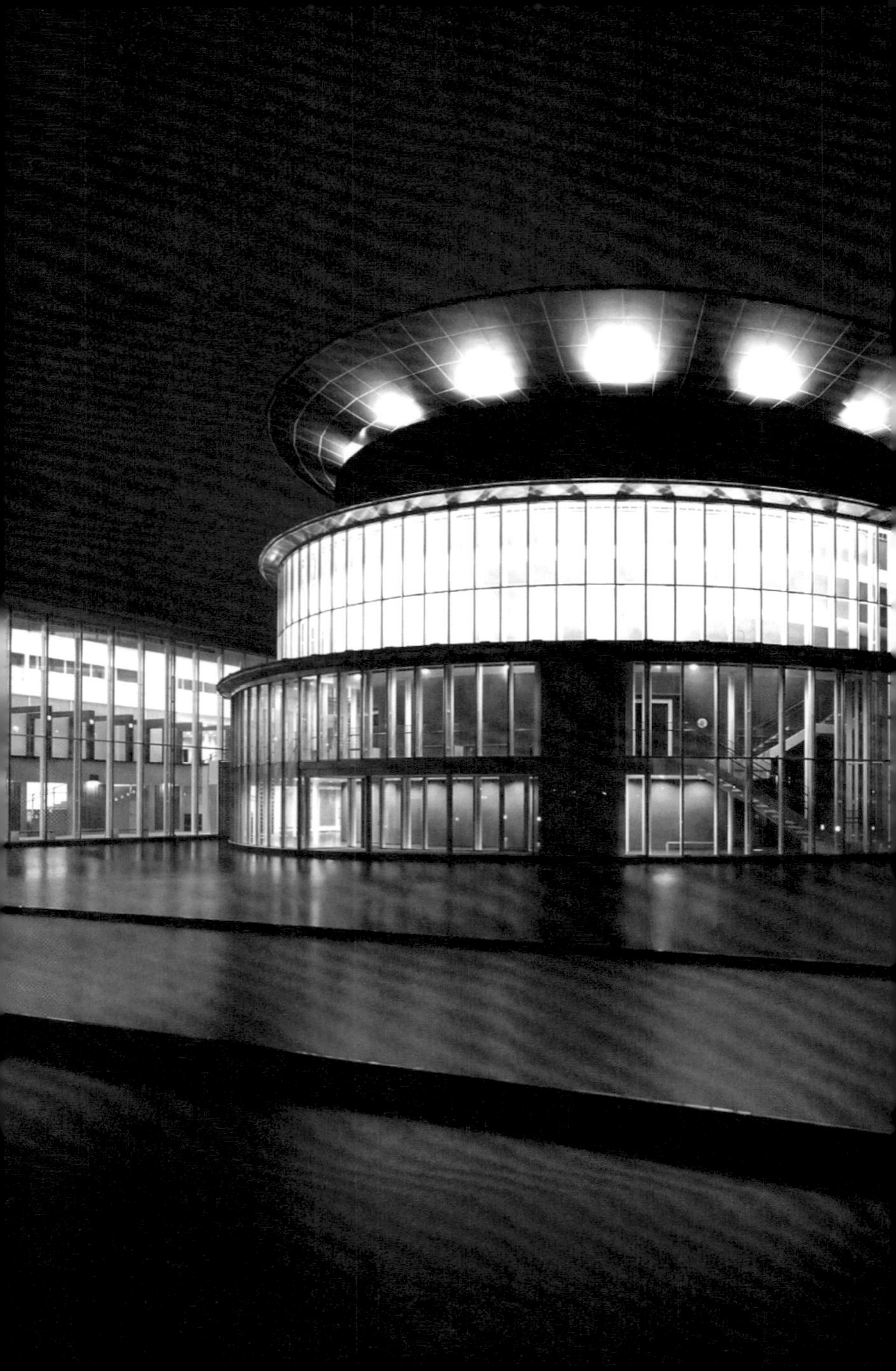

実践アートマネジメント

地域公共ホールの活性術

2010 年 3 月 15 日 初版発行
2010 年 5 月 14 日 2 刷発行

著者： 竹本義明

発行 / 編集人： 東郷禮子
発行所： レイライン

〒 213-0022 川崎市高津区千年 324-1-402
Tel / Fax: 044-788-6814
http://www.leyline-publishing.com
info@leyline-publishing.com

装丁： StudioKanna
印刷所： (株) 山田写真製版所

Ⓒ Yoshiaki Takemoto
乱丁・落丁本は、ご面倒ですが小社宛てにお送りください。
お取替えいたします。
ISBN コード 978-4-902550-13-9
定価は裏表紙に記載してあります。